Aus dem Programm Huber
Klinische Praxis

Wissenschaftlicher Beirat:
Prof. Dr. Dieter Frey, München
Prof. Dr. Kurt Pawlik, Hamburg
Prof. Dr. Meinrad Perrez, Freiburg (Schweiz)
Prof. Dr. Hans Spada, Freiburg i.Br.

Bücher über Angst, Panik, Phobien und Posttraumatische Belastungsstörungen beim Verlag Hans Huber:

Lee Baer:
Alles unter Kontrolle
Zwangshandlungen und
Zwangsgedanken überwinden.
2. überarbeitete und ergänzte Auflage
306 Seiten (ISBN 3-456-83627-9)

Willi Butollo, Rita Rosner und
Achim Wentzel:
Integrative Psychotherapie bei Angststörungen
251 Seiten (ISBN 3-456-83089-0)

Marcus Kuntze und Alex
H. Bullinger:
Höhenangst und andere spezifische Phobien
Eine Anleitung zur Kurztherapie
in der medizinischen
und psychologischen Praxis
61 Seiten (ISBN 3-456-83539-6)

Stanley Rachman:
Angst
Diagnose, Klassifikation und
Therapie
206 Seiten (3-456-83415-2)

Reneau Z. Peurifoy:
Angst, Panik und Phobien.
Ein Selbsthilfe-Programm. 2. Auflage
315 Seiten (3-456-83827-1)

Philipp A. Saigh:
Posttraumatische Belastungsstörung
Diagnose und Behandlung
psychischer Störungen bei Opfern von
Gewalttaten und Katastrophen
218 Seiten (3-456-82593-5)

Weitere Informationen über unsere Neuerscheinungen finden Sie im Internet unter:
http://verlag.hanshuber.com oder per E-Mail an: **verlag@hanshuber.com**.

Gaby Gschwend

Notfallpsychologie und Trauma-Akuttherapie

Ein kurzes Handbuch für die Praxis

Verlag Hans Huber
Bern · Göttingen · Toronto · Seattle

Adresse der Autorin:
Frau lic. phil. Gaby Gschwend
Kurhausstrasse 5
CH 8032 Zürich

Die Deutsche Bibliothek – CIP Einheitsaufnahme

Gschwend, Gaby: Notfallpsychologie und Trauma-Akuttherapie : ein kurzes Handbuch für die Praxis / Gaby Gschwend. – 1. Aufl. – Bern ; Göttingen ; Toronto ; Seattle : Huber, 2002
ISBN 3-456-83698-8

Lektorat: Dr. Peter Stehlin, Gaby Burgermeister
Herstellung: Daniel Berger
Anregungen und Zuschriften bitte an:
Verlag Hans Huber, Länggass-Strasse 76, CH-3000 Bern 9
Tel: 0041 (0)31 300 45 00 / Fax: 0041 (0)31 300 45 93
E-Mail: verlag@hanshuber.com / Internet: http://www.HansHuber.com

1. Auflage 2002
© 2002 by Verlag Hans Huber, Bern
Umschlag: Atelier Mühlberg, Basel
Satz: Sbicca & Raach sagl, Lugano
Druck: Druckhaus Beltz, Hemsbach
Printed in: Germany

Dieses Werk, einschließlich aller seiner Teile, ist urheberrechtlich geschützt. Jede Verwertung außerhalb der engen Grenzen des Urheberrechtes ist ohne Zustimmung des Verlages unzulässig und strafbar. Das gilt insbesondere für Vervielfältigungen, Übersetzungen, Mikroverfilmungen sowie die Einspeicherung und Verarbeitung in elektronischen Systemen.

Inhaltsverzeichnis

1.	**Einleitung**	7
2.	**Die psychische Situation von Notfallpatienten**	9
2.1	Die Vielfalt innerer und äußerer Belastungsfaktoren	9
2.2	Reaktionen	10
	2.2.1 Reaktionen auf psychologische Helfer	13
	2.2.2 Reaktionen der Helfer auf das Opfer und die traumatische Situation.	13
2.3	Verlaufsphasen	15
	2.3.1 In der traumatischen Situation	15
	2.3.2 Im Zustand des Schocks	16
	2.3.3 Im Zustand der Krise	17
3.	**Der psychologische Notfalleinsatz**	19
3.1	Aufgaben der psychologischen Notfallhelfer	21
	3.1.1 Information	21
	3.1.2 Intervention	23
	3.1.3 Identifikation von Risikopersonen	24
3.2	Checkliste zum Ablauf des Einsatzes	26
3.3	Interventionen	33
	3.3.1 Distanzierung	33
	3.3.2 Beruhigung und Entspannung	34
3.4	Die Betreuung von Angehörigen	35
3.5	Kinder	37
	3.5.1 Reaktionen	37
	3.5.2 Umgang	38

4. Massennotfälle/Kollektive Katastrophen		41
4.1	Typische Reaktionen und Phasen des Verlaufs bei Gruppen	42
4.2	Sinn und Zweck psychologischer Gruppen zu diesem Zeitpunkt	43
4.3	Checkliste für den Einsatz bei Massennotfällen	46
4.4	Der Notfallkoffer oder -rucksack	49
5. Trauma-Akuttherapie		51
5.1	Inhalte	51
	5.1.1 Die akute Belastungsstörung	54
	5.1.2 Therapeutische Ziele und zentrale Faktoren der Genesung	56
	5.1.3 Therapeutische Leitlinien und Sünden	60
	5.1.4 Die therapeutische Beziehung	61
	5.1.5 Checkliste für das Erstgespräch	64
5.2	Techniken und Methoden	66
	5.2.1 Debriefing	67
	5.2.2 EMDR	69
	5.2.3 Dissoziative Konfrontation	71
	5.2.4 Diagnosesysteme und psychometrische Verfahren	73
5.3	Therapie bei Kindern	75
5.4	Kriterien der Verarbeitung eines Traumas	76
6. Die Traumatisierung der Helfer		79
6.1	Gründe	80
6.2	Einige Anzeichen für Grenzprobleme oder Sekundärtraumatisierung	81
	6.2.1 Körperliche Reaktionen und Symptome	81
	6.2.2 Psychische Reaktionen und Symptome	81
6.3	Vorbereitung auf belastende Situationen	82
6.4	Bewältigung und Verarbeitung	86
Literatur		89
Zur Autorin		91
Anhang: Checklisten		93

1. Einleitung

Traumatische Erfahrungen, z. B. infolge von Naturkatastrophen, Unfällen oder der Erfahrung zwischenmenschlicher Gewalt, übersteigen den Rahmen alltäglicher Erfahrungen und Belastungen bei weitem. Sie bedeuten eine radikale Verletzung der seelischen und körperlichen Integrität eines Menschen. Sie sind ein zentraler Eingriff ins Leben der Betroffenen und verändern, oft nachhaltig und dauerhaft

- die gesamte Lebenssituation
- das Erleben von Beziehungen und der Zugehörigkeit zu anderen Menschen
- die Beziehung zu sich selbst, das Vertrauen in sich selbst
- das Gefühl von Handlungsfähigkeit und Kontrolle
- das Verhältnis zum eigenen Körper
- das Gefühl von Unverletzlichkeit
- das Gefühl von Sicherheit und Geborgenheit in der Welt.

Werden solche «inneren Verletzungen» nicht angemessen verarbeitet, können die nur oberflächlich verheilten seelischen Wunden jederzeit plötzlich und unvermutet wieder aufbrechen, u. a. deswegen, weil einzelne, in sich abgeschlossene Traumata in einem sonst intakten Leben nicht unbedingt die Regel sind. Häufig entstehen auch in Folge traumatischer Erfahrungen psychische Störungen wie z. B. eine chronische Posttraumatische Belastungsstörung (PTBS), Depressionen, Süchte, und/oder somatische und psychosoziale Folgeschäden, die sich stark lebensbeeinträchtigend auswirken.

In der psychologischen Akutbetreuung gibt es verschiedene Arten von Hilfestellungen und Interventionen mit ihren je eigenen Möglichkeiten und Begrenzungen. Alle Helfer haben in dieser zutiefst gestörten, ja zerstörten und psychisch weit offenen Situation großen Einfluss auf die Betroffenen, die zu diesem Zeitpunkt psychisch höchst suggestibel und «zerbrechlich» sind. Die

Helfer haben aber doch immer auch verschiedene Funktionen, und alle müssen an einem bestimmten Punkt ihre spezifische Aufgabe begrenzen und die Betroffenen zur Betreuung angemessen weiterweisen. Sie müssen also um ihre Funktion, ihre Möglichkeiten, ihre Grenzen wissen und diese den Betroffenen auch transparent machen.

Das gemeinsame Ziel der frühen psychologischen und akut psychotherapeutischen Maßnahmen und Interventionen nach einem traumatischen Ereignis ist die Prävention von Spät- und Langzeitfolgen und die Vermeidung chronischer Symptombildungen und dauerhafter Persönlichkeitsveränderungen.

Dabei wird unterschieden zwischen der *psychologischen Notfallhilfe* (sofort/an Ort/durch Psychologen, Ärzte, Pfarrer usw.) einerseits und der *psychotherapeutischen Trauma-Akuttherapie* (ca. zwei Tage bis wenige Wochen nach dem Ereignis/in der Praxis/durch Psychotherapeuten) andrerseits.

Im Zentrum stehen in beiden Fällen:

- Psychische Stabilisierung bei Angst, Schmerz und Schock
- Stressreduktion
- Symptommilderung
- Unterstützung des Erholungs- und Verarbeitungsprozesses
- Stärkung der Selbstheilungskräfte und Ressourcen
- Die Identifikation von «Risikopersonen» (z. B. für die Entwicklung einer PTBS).

Das Handbuch «Notfallpsychologie» ist eine praxisbezogene Einführung und richtet sich an Personen, die im Bereich der psychologischen und psychotherapeutischen Akutversorgung schwer traumatisierter Menschen arbeiten, aber auch an Angehörige anderer Berufsgruppen, die beratend und helfend mit Opfern von Traumatisierung arbeiten.

Um sprachliche Schwerfälligkeiten zu vermeiden, wird im Text jeweils die männliche Bezeichnung verwendet.

2. Die psychische Situation von Notfallpatienten

2.1 Die Vielfalt innerer und äußerer Belastungsfaktoren

- Entsetzen
- unterbrochene Handlung
- Neuheit
- Lärm
- Kontrollverlust
- Konfrontation mit Zerstörung und Tod
- Verletzungen
- Angst
- Kälte/Hitze
- Durst
- Hilflosigkeit
- Zuschauer
- Schmerzen
- Sorge um andere
- Scham
- Unsicherheit
- Verletzte
- Panik

2.2 Reaktionen

Psychologische Notfallhelfer sollten über mögliche Erstreaktionen der Betroffenen informiert sein, erstens damit sie selber darauf vorbereitet sind und damit umgehen können, und zweitens damit sie die Betroffenen und ihre Angehörigen über das Auftreten solcher Reaktionen und deren Normalität aufklären und sie im Umgang damit unterstützen können. Dies ist bereits ein entscheidender Beitrag zur psychischen Stabilisierung, da ihre eigenen Reaktionen den Betroffenen oft fremd oder «nicht normal» erscheinen und sie dadurch zusätzlich belastet werden.

Solche typischen Reaktionen sind z. B.:

1. Weinen, Schreien, Lachen:

Die Betroffenen sind, auch körperlich, agitiert und wie innerlich überschwemmt vom Geschehenen, schreien, weinen, klagen laut oder reden viel und ausbruchsartig.

Frau A., deren Mann vor wenigen Stunden getötet wurde, ist Türkin. Viele Verwandte und Freunde sind da, und Verzweiflung, Ungläubigkeit, Angst und Trauer werden laut herausgeschrieen und herausgeklagt, verstärkt noch durch die lauten, intensiven Schreie und Trauergesänge der «Klageweiber».

2. Aggression:

Diese kann sich sowohl verbal (schimpfen) als auch körperlich (um sich schlagen) äußern. Sie dient der Erregungsabfuhr, kann aber auch Ausdruck von Angst sein.

Frau M. ist Opfer häuslicher Gewalt. Ich sehe sie, noch blutverschmiert, bei sich zu Hause, nachdem ihr Mann ins Gefängnis abgeführt worden ist. Ihre erste Reaktion auf mich ist eine lange Beschimpfung: wie der Staat dazu komme, sich in ihre Privatangelegenheiten zu mischen usw. Nachdem ich sie von meinen hilfreichen Absichten überzeugt habe, strömt es förmlich aus ihr heraus als sei ein Damm gebrochen – eine lange Geschichte psychischer, physischer und sexueller Misshandlungen von früher Kindheit an.

3. Innerer Rückzug:

Eine andere Art von Reaktion ist genau entgegengesetzt und besteht in innerem Rückzug. Die Opfer können dabei wie erstarrt, aber auch depressiv und teilnahmslos wirken.

Ein Familienvater wurde vor den Augen seiner Angehörigen erschossen. Betroffen sind die Mutter und drei Kinder. Während die übrigen Angehörigen ihrem Schock extravertiert durch Klagen, Weinen und Reden Ausdruck geben, hat sich der jüngste Sohn ins Bett zurückgezogen. Er will nicht reden, weint nicht, zeigt überhaupt kein Anzeichen eines Gefühls. Die Mutter ist nun zusätzlich besorgt, dass eine solche Reaktion nicht normal sei.

4. Angst:

Diffuse oder konkrete Ängste sind oft, und oft für lange Zeit, das vorherrschende Gefühl nach traumatischen Erfahrungen.

Frau D. ist Krankenschwester und wurde in der Klinik, in der sie arbeitet, unvermittelt von einem Patienten attackiert. Dieser schleuderte einen schweren Stein auf eine Glastür, hinter der Frau D. stand und mit ihm redete. Von da an war es Frau D. nicht möglich, allein und auch nicht in der Nähe von Fenstern zu sein, da es sonst zu Panikattacken kam. Frau D., eine resolute Frau, die sonst keine Angst im Leben kannte, war schockiert über diese «irrationale Ängstlichkeit», die sie nicht «in den Griff» bekommen konnte.

5. Ruhe/Gelassenheit:

Es mag auch sein, dass die Betroffenen sich unauffällig, fast gelassen, verhalten und funktionieren. Das bedeutet nicht, dass sie auch innerlich gelassen sind und heftige posttraumatische Reaktionen können später, Tage und Wochen nach dem Ereignis, noch eintreten.

Frau T. wurde Opfer eines Lawinenunglücks. Sie war körperlich nur leicht verletzt. Sie ist Ärztin, und als solche funktionierte sie auch sachlich und kompetent, bis die Rettungsmannschaft eintraf. Drei Tage nach dem Ereignis, wieder zu Hause, überfielen sie plötzlich massive psychische Symptome, sie reagierte panisch auf bestimmte Geräusche, bekam Herzrasen, wurde in der Folge fast arbeitsunfähig, konnte aber diese Symptome nicht mit dem Ereignis in Verbindung bringen, was sie zusätzlich belastete.

6. Verwirrung und Desorganisation:

Da die Betroffenen sich zu diesem Zeitpunkt psychisch noch nicht in der gegenwärtigen alltäglichen Realität befinden, sind ihre Reaktionen häufig desorganisiert und sie sind in alltäglichen Fragen verwirrt.

Ein junger Mann ruft durch seinen Hausarzt die Notfallstelle an und möchte, dass jemand zu Hilfe kommt und ihm, speziell aber seiner Mutter, in einem akuten Fall familiärer Gewalt beisteht. Gebeten, ungefähre Angaben zum Weg zu machen (es war auf dem Land), war er dazu außerstande, und musste auch seine eigene Telefonnummer erst ablesen.

7. «Paradoxes» Verhalten:

Dann gibt es noch die «seltsamen Reaktionen»:

Ein älteres Ehepaar sitzt im Restaurant und erlebt gerade, dass der Gast am Tisch nebenan eine Pistole zieht und mehrere Gäste erschießt. Im Lokal herrscht Panik. Der alte Mann hebt seine Hand und ruft: «Fräulein, bitte zahlen.»

Ein Autounfall, Frau und zwei Kinder sind schwer verletzt und werden gerade ins Krankenhaus gebracht. Der Ehemann, noch am Unfallort, sucht intensiv und konzentriert seinen zweiten Schuh. Es scheint nichts wichtiger.

Weitere mögliche Reaktionen:

- Kindlich anmutendes Verhalten
- Verdrängen der Realität bis zur fröhlichen Unbekümmertheit
- Ausschließlich oder vornehmlich affektives Erleben/«kopfloses Handeln»
- Ausschließlich oder vornehmlich rationales Erleben/«kaltes Handeln»

All das sind Beispiele normaler Reaktionen, wie sie nach einem traumatischen Ereignis auftreten können, und als solche zu akzeptieren.

Werden die Reaktionen allerdings sehr extrem – z. B. im Sinn ausgeprägter Erinnerungslücken, Amnesien oder Verleugnungen des Geschehens, vielleicht noch in Verbindung mit einer Wahnbildung – handelt es sich sicher um jemanden, der einer besonderen Beachtung und Betreuung bedarf.

Eine junge Frau und ihr Vater wurden Opfer einer Flugzeugkatastrophe, wobei der Vater ums Leben kam, die Tochter überlebte. Behutsam auf das Geschehen angesprochen, reagierte die Tochter voll Überzeugung: Nein, ihr Vater sei nicht in der Maschine gewesen. Er sei in den Bergen beim Skilaufen.

2.2.1 Reaktionen auf psychologische Helfer

Notfallhelfer sollten auf möglicherweise heftige Reaktionen gefasst sein, aber auch darauf, dass es sehr schwierig sein kann, die Betroffenen psychisch zu «erreichen».

Die Opfer können sie in der Akutsituation als ihre «Retter» wahrnehmen, und damit können auch sehr idealisierte Erwartungen an die Betreuung verknüpft sein, die eventuell nicht zu erfüllen sind. Die Helfer bewegen sich mit den Opfern in einer entgrenzten Situation; die Ansprüche der Opfer an die Helfer, deren Zeit, Energie und Aufgaben können grenzenlos sein. Darauf sollten Helfer vorbereitet sein, denn in der Notfallsituation selber ist es schwierig, Grenzen zu ziehen. Es besteht die Gefahr, dass falsche Versprechungen gemacht werden («Ich kümmere mich um alles.» «Natürlich werden alle Kosten übernommen.»). Sind solche Versprechungen später nicht einzuhalten, kann es zu Sekundär-Traumatisierungen kommen; zumindest macht es den Vertrauensverlust, der mit einer Traumatisierung einhergeht, nicht besser.

Andrerseits können die Betroffenen den Helfern auch misstrauisch und ablehnend gegenüberstehen («Sie wollen ja nur, dass ich meinen Mann anzeige.» «Mit Ihnen rede ich gar nicht, was wissen Sie schon davon?»). Es ist wichtig, solches nicht persönlich zu nehmen, sondern aus der Situation heraus zu verstehen, z. B. als Ausdruck von Angst: In der Akutsituation sind der Täter und die Tat sozusagen noch allgegenwärtig.

2.2.2 Reaktionen der Helfer auf das Opfer und die traumatische Situation

Das Trauma ist «ansteckend», das heißt, dass die Helfer angesichts des Opfers und der traumatischen Situation von den gleichen Gefühlen befallen werden, wie sie die Betroffenen empfinden. Auch sie können sich hilflos und ohnmächtig fühlen, Angst oder auch Wutgefühle verspüren, Ekel empfinden, aber auch diffuse Schuld- und Schamgefühle.

All dies sind normale Reaktionen. Helfer sollten sich ihrer aber bewusst sein, da sonst ihr eigenes Verhalten durch zweierlei Gefahren beeinträchtigt wird:

1. Die Ansteckung durch die *Hilflosigkeit und Ohnmacht* der Opfer kann bewirken, dass die psychologischen Helfer sich wie gelähmt fühlen oder Zweifel am Sinn ihrer Tätigkeit haben und das auch ausstrahlen. Das ist für die Opfer schwierig, weil sie kein Gefühl von Halt haben, das sie im Moment dringend bräuchten, und weil sie ja nicht auch noch die Handlungsverantwortung für den Helfer übernehmen können.

2. Andrerseits besteht die Gefahr des *Überaktivismus:* Man entscheidet für das Opfer, was weiter geschieht, nimmt ihm eigenmächtig jede eigene Initiative ab, gibt ihm Ratschläge statt Informationen. Auch solches Verhalten ist für die Betroffenen schlecht, weil man (wieder) über sie verfügt und sie entmündigt. Die Opfer werden vom Erleben eigener Kompetenzen und Ressourcen – das für sie sehr wichtig wäre – abgeschnitten. Ein solches Verhalten der Helfer kann mit der Abwehr von Hilflosigkeit oder einem diffusen Gefühl von Schuld zu tun haben, was dann zu einer Art leidenschaftlichem «Wiedergutmachungstrieb» führt.

2.3 Verlaufsphasen

Der Verlauf der ersten Reaktionen während und kurz nach einer traumatischen Erfahrung kann in folgende Phasen eingeteilt werden:

2.3.1 In der traumatischen Situation

Angesichts von (Lebens-) Gefahr werden sämtliche psychophysiologischen und psychobiologischen Stress- und Notfallmechanismen aktiviert. Dies sind autonome Reaktionen, und sie können im Fall einer missglückten Verarbeitung eines Traumas auch noch Jahre später, in einer entsprechenden Konfrontation mit auslösenden Stimuli, in genau der gleichen Heftigkeit wieder ausgelöst werden.

Psychophysiologisch:

- erhöhter Blutdruck
- erhöhte Muskelanspannung
- beschleunigter Herzschlag
- schnelle und oberflächliche Atmung

Psychobiologisch:

- Freisetzung von Stresshormonen
- Die Anzahl der Synapsen im Gehirn verringert sich und
- Die Möglichkeit von Informationsübertragung ist eingeschränkt.
- Die rechte (instinktiv-emotionale) Hirnhälfte wird aktiver und die linke (rationale) weniger aktiv.
- Die Informationsaufnahme und -verarbeitung findet in archaischen, instinktsteuernden Regionen des Gehirns statt, wo die hereinkommende Information in hormonelle und emotionale Reaktionen umgewandelt wird.
- Die Wahrnehmungseindrücke sind fragmentarisch. Sie sind visuell, akustisch, olfaktorisch und kinästhetisch. So werden sie auch gespeichert.

Psychologisch:

- Die Wahrnehmungseindrücke und das Erleben sind fragmentiert und dissoziiert.

- Die Erfahrung kann nicht mehr semantisch und in Kategorien erfasst – geordnet – gedacht werden, was ja in der akuten Gefahrensituation auch nicht sinnvoll wäre.

- Das Sprachzentrum ist während und unmittelbar nach dem Ereignis «abgestellt»; die Betroffenen sind buchstäblich «sprachlos».

- Wahrnehmung und Aufmerksamkeit sind ganz nach außen gerichtet, auf die Quelle der Gefahr.

- Alles, was sich innerlich – somatisch und psychisch – abspielt, wird nicht wahrgenommen, auch nicht Angst oder Schmerz.

2.3.2 Im Zustand des Schocks

Die Phase des psychologischen Schocks gleicht einer «als-ob-Situation»: Es ist für die Betroffenen, als würde die gefährliche Situation/die traumatische Erfahrung immer noch andauern, auch wenn das objektiv nicht der Fall ist und sie das auch wissen.

Ein Erdbebenopfer, das schon einige Tage in Sicherheit ist, hat noch immer zeitweise das physische, reale, beängstigende Gefühl, dass der Boden unter ihm plötzlich anfängt, sich zu bewegen.

Das Opfer einer Vergewaltigung wird immer wieder von Bedrohungsgefühlen überfallen, weil es plötzlich das Gefühl hat, der Täter sei irgendwo im Raum anwesend.

Auch die oben beschriebenen Notfallmechanismen halten entsprechend über die eigentliche traumatische Situation hinaus an. Die Phase des Schocks kann Tage, aber auch Wochen andauern, «idealtypisch» und als Anhaltspunkt spricht man dabei von einer Spanne zwischen sofort nach dem Ereignis bis ca. 14 Tage danach, wobei solche Reaktionen auch noch verzögert auftreten können.

Charakteristische Phänomene in der Phase des Schocks:

- nicht wahrhaben/nicht glauben können, was passiert ist
- Derealisation («es ist alles so unwirklich», «wie ein böser Traum», das Gefühl, im «falschen Film» zu sein)
- Depersonalisation («ich spüre meinen Körper nicht», «ich funktioniere wie ein Roboter»)
- Apathie, Teilnahmslosigkeit, Abwesenheit von Gefühlen
- Verstörtsein, Aufgewühltsein, Desorganisation
- Angst, Bedrohungsgefühle

2.3.3 Im Zustand der Krise

Ein gewisser Abstand von der traumatischen Erfahrung hat eingesetzt; der Prozess der inneren Auseinandersetzung mit dem Geschehen beginnt. Diese Phase des posttraumatischen Geschehens kann Wochen, aber auch Monate andauern, abhängig von den inneren und äußeren Ressourcen der Betroffenen.

Es ist eine kritische und sensible Phase des Verarbeitungsprozesses: Nun entscheidet sich, ob die Bewältigung des traumatischen Geschehens gelingt oder missglückt.

Der Organismus hat hier zum ersten Mal gleichsam die Gelegenheit, sich innerlich gegen das Geschehene zu wehren, was in den vorigen Phasen nicht möglich war. Also beginnt hier, verständlicherweise, auch der Versuch, die Erfahrung oder Teile davon zu verdrängen, zu vermeiden, abzuspalten. Das klingt dann z. B. so:

«Ich will jetzt möglichst schnell vergessen», «... nicht mehr daran denken», «... nicht darüber reden». «Es ist ja jetzt vorbei.» «Mir ist ja nichts passiert, und das Leben muss jetzt einfach normal weitergehen.» usw.

Dabei besteht die Gefahr, dass der natürliche Verarbeitungsprozess, der sich, sozusagen im Dialog zwischen Überwältigung und Vermeidung, allmählich selber reguliert, in der Vermeidung des Geschehens stecken bleibt. Das kann dann anschließend an diese Phase dazu führen, dass die traumatische Erfahrung zwar nicht verarbeitet und integriert wird, dass aber der Betroffene den

Prozess einer sogenannten «Scheinanpassung» durchmacht: Er lebt zwar, äußerlich betrachtet, ein «normales Alltagsleben» weiter, muss aber konstant gewisse Bewältigungsstrategien einsetzen, um den Durchbruch der unbewältigten Erfahrung zu verhindern. Solche «Coping-Strategien» sind vielfältig und individuell, die Betroffenen verdrängen oder verharmlosen das Geschehene, sie entwickeln einen übertriebenen Aktivismus oder ergreifen täglich spezielle Vorsichts- oder Vermeidungsmaßnahmen, sie ziehen sich sozial zurück oder konsumieren Drogen.

Charakteristisch für die Phase der Krise:

- Flashbacks
- Vermeidungsverhalten
- Schlafstörungen, Albträume
- Ängste, Bedrohungsgefühle
- Depressionen
- Scham- und Schuldgefühle
- Störungen des Essverhaltens
- tatbezogene Zwänge

3. Der psychologische Notfalleinsatz

Auf einer ersten Stufe der Intervention begegnen den Betroffenen meist Polizei, Feuerwehr, Sanität und Notfallärzte. Diese Begegnungen sind kurzfristig, und im Vordergrund stehen für die Helfer andere als psychologische Aufgaben. Indem aber auch diese Helfer in Ausübung ihrer speziellen Funktion die Leitlinien des Verhaltens berücksichtigen, d.h. sich auch psychologisch angemessen verhalten, tragen sie in einem Ausmaß dazu bei, auch die psychischen «Überlebenschancen» der Betroffenen zu stärken, das man nicht unterschätzen sollte.

Die zweite Ebene der Begegnung ist die der intendierten, gezielten psychologischen Notfallversorgung. Dort sind Notfallpsychiater und -psychologen, aber auch Pfarrer und Laienhelfer im Einsatz, die alle, in Theorie und Praxis, vorgängig psychotraumatologisch ausgebildet sind oder sein sollten.

Der psychologische Notfalleinsatz betrifft die Ziele und Maßnahmen, die direkt und primär der psychologischen Akutbetreuung der Opfer dienen. Er beginnt unmittelbar nach dem Ereignis, meist noch am Ort des Geschehens. Auch hier sind die Begegnung und die Beziehung zu den Betroffenen zeitlich und von den Aufgaben her beschränkt. Psychologische Notfallhelfer berücksichtigen die Leitlinien eines psychologisch angemessenen Verhaltens und führen auch Erstmaßnahmen zur Stabilisierung der Betroffenen durch:

- körperliche Betreuung und Zuwendung
- sachliche Informationen
- Beruhigung und einfache Entspannung
- psychologische Information und Beratung.

Sie betreuen auch die Angehörigen der Opfer.

Folgende Interventionen sollten aber Psychologen/Psychiatern/Pfarrern vorbehalten bleiben, die auch psychotherapeutisch und traumatherapeutisch aus- bzw. fortgebildet und erfahren sind:

- die Anwendung von Distanzierungstechniken bei psychisch akut überfluteten Personen
- der Umgang mit psychisch speziell auffälligen Personen
- das Zusammenstellen und Leiten psychologischer Gruppen
- die Beurteilung der Art und Notwendigkeit der individuellen weiteren psychologischen Begleitung (dies selbstverständlich gemeinsam mit den Betroffenen).

3.1 Aufgaben der psychologischen Notfallhelfer

Zum Zeitpunkt des Einsatzes befinden sich die Betroffenen im Zustand des Schocks. Sie sind aufgewühlt, verstört, können das Geschehen nicht fassen. Sie stehen noch unter der direkten Einwirkung des Ereignisses; der vertraute «Boden unter den Füssen» ist wie weggezogen. Vorrangig für die traumatisierten Menschen ist zunächst die Ohnmachtsabwehr: Sie müssen das Gefühl der realen äußeren Sicherheit und auch das innere Gefühl von Sicherheit, Handlungsfähigkeit, Kontrolle und Autonomie wiedererlangen und wiedererleben können. Die Aufgabe der psychologischen Notfallhelfer ist es, sie in diesem Prozess der psychischen Stabilisierung und der «Wiederermächtigung» zu unterstützen. Die psychische Stabilisierung der Betroffenen ist genauso wichtig wie die körperliche Versorgung, um langfristige seelische Krankheitsfolgen möglichst früh zu verhindern.

Dies geschieht durch *Information*, psychologische *Intervention* und durch die *Identifikation* von Risikopersonen.

3.1.1 Information

Nicht jedes Opfer eines Traumas muss eine akute oder längerfristige Belastungsstörung entwickeln, aber heftige Belastungsreaktionen können auch noch Tage bis Wochen nach dem Ereignis und bei Personen auftreten, die in der Notfallsituation selbst und auch danach recht gefasst gewirkt haben.

Diese typischen Belastungsreaktionen wirken für die Betroffenen wesensfremd. Sie machen Angst, auch in ihrer Unkontrollierbarkeit, man schämt sich vielleicht deswegen – und häufig kann man sie gar nicht mit dem Ereignis in Verbindung bringen und erlebt sich vielleicht als «nicht mehr normal». All das trägt nicht zur psychischen Stabilisierung bei. Darum sollten die Betroffenen und zu diesem Zeitpunkt v. a. auch ihre Angehörigen über Arten und Verlauf (möglicher) Belastungsreaktionen und auch deren Normalität informiert werden. («Viele Menschen erleben kurz nach dem Ereignis, dass...».) Es ist dabei aber wichtig zu betonen, dass solche Reaktionen zwar auftreten *können*, aber nicht zwangsläufig *müssen*, dass sie zum Verarbeitungsprozess gehören und wahrscheinlich nach einiger Zeit von selber abklingen, und dass man sich jederzeit, im Falle eines Falles, wieder an den Helfer wenden kann.

Angesichts des Chaos, der Hektik und der Aufregung in der Situation, und wegen des inneren Zustandes der Betroffenen und Angehörigen wird diese Information am besten (auch) schriftlich abgegeben, in kurzer Form, als Merkblatt, wie z. B. gegenüberliegende Seite:

3.1.2 Intervention

Die psychologische Intervention betrifft die aktive Einleitung von Maßnahmen zur Stressreduktion und psychischen Stabilisierung sowie zur Stärkung der Ressourcen und Selbstheilungskräfte des Opfers.

a) *Leitlinien* des Verhaltens:

- Die Helfer sollten sich mit ihrem *Namen* und ihrer Funktion vorstellen und auch den Namen des Betroffenen *erfragen*. Das schafft Normalität und Orientierung.

- Die Grundhaltung sollte die einer *nicht beurteilenden Akzeptierung* der äußerst vielfältigen und individuellen Erstreaktionen der Opfer und spürbar solidarisch sein.

- *Die Balance von «Führen und Folgen»:* Das psychologische Verhalten ist einerseits einfühlsam, indem individuell auf Zustand, Erleben, Ressourcen und Bedürfnisse des Opfers eingegangen wird, andrerseits sollten auf ruhige, klare Art Kompetenz, (Stand-) Festigkeit und Halt vermittelt werden.

- Zentraler Bestandteil ist immer eine *vollständige und transparente Information* einerseits über das äußere und körperliche Geschehen und die Art der eingeleiteten Maßnahmen, andrerseits aber auch über das innere Geschehen nach Traumatisierungen. Dazu gehört auch, die Hoffnung auf Normalität durch die Information zu stärken, dass Belastungsreaktionen im Allgemeinen mit der Zeit von selber abklingen.

- Man sollte *die Betroffenen nicht* (plötzlich) *alleine lassen*. Ankündigen, wann man gehen muss, und für «psychischen Ersatz» sorgen.

Psychologische Reaktionen auf Extremtraumatisierungen
Information für Betroffene und ihre Angehörigen

Traumatische Erfahrungen sind Erfahrungen, in denen Körper und Seele eines Menschen durch eine Erfahrung von übermächtiger Gewalt bedroht und/oder verletzt wurden, wobei solche Ereignisse in verschiedenen äußeren Formen vorkommen, z. B. als Überfall, Vergewaltigung, körperliche Misshandlung oder auch als Verkehrsunfall oder Naturkatastrophe.

Es sind plötzliche, einschneidende und extrem belastende Erfahrungen, und so wie nach solchen Geschehnissen typische körperliche Stress- und Notfallreaktionen auftreten wie ein beschleunigter Herzschlag, eine schnelle Atmung, eine erhöhte Muskelanspannung, so gibt es auch psychische Symptome, die dann typischerweise auftreten.

Diese typischen Reaktionen dauern im Allgemeinen zwei Tage bis ca. vier Wochen nach dem belastenden Ereignis an und äußern sich in folgenden Symptomen:

- Das Geschehene «überfällt» die Betroffenen wieder in Form von sich aufdrängenden Erinnerungen, Albträumen oder «flashbacks».
- Bedrohungsgefühle, Angstzustände, Panikattacken
- Nervosität, Konzentrationsstörungen, Schreckhaftigkeit, Schlafstörungen
- Aktivitäten und Situationen, die an das Geschehen erinnern könnten, werden vermieden.
- Apathie, Teilnahmslosigkeit, das Gefühl emotionaler Betäubtheit oder von Erstarrung
- Das Gefühl, sich wie nicht im eigenen Körper zu befinden, oder von Entfremdung
- Erinnerungen an das Ereignis sind bruchstückhaft oder gar nicht vorhanden.

All das sind *normale* Reaktionen auf «abnormale» Geschehnisse, die fast alle Menschen zeigen, die solch extremen Erfahrungen ausgesetzt waren. Sprechen Sie, wenn möglich, mit ihren Freunden und Ihrer Familie über das Geschehene, Ihre Reaktionen, Gefühle und Ängste, denn erfahrungsgemäß ist es nicht sinnvoll, die traumatische Erfahrung «so schnell wie möglich einfach vergessen» zu wollen, auch wenn dieser Wunsch verständlich ist.
Sollten die Symptome länger als vier Wochen unvermindert andauern oder haben Sie schon vor dem Ereignis extremtraumatische Erfahrungen gemacht, ist u. U. eine Trauma-Psychotherapie zu empfehlen, um zu vermeiden, dass sich die normalen Belastungsreaktionen auch langfristig so auswirken, dass sie den gesundheitlichen, sozialen und beruflichen Lebensbereich beeinträchtigen.

Adressen von speziell auf diesem Gebiet erfahrenen Psychotherapeuten erhalten Sie über [hier bitte Adresse/n einer oder mehrere einschlägogen/-r Beratungsstellen einfügen].

b) Es gibt auch «*Verhaltenssünden*», z. B.:

- Floskeln verwenden («Das ist sicher halb so schlimm.» «Das wird schon wieder.»)
- Vorwürfe machen («Haben Sie denn nicht gesehen, dass ...» «Warum mussten Sie auch ...»)
- Betroffene belügen, z. B. über ihren Zustand. (Inkongruenz zu den non- oder paraverbalen Signalen wie Mimik und Tonfall!)
- Furchterregende Diagnosen («Das sieht aber gar nicht gut aus.» «Das Bein wird wohl kaum zu retten sein.»)
- Fremdwörter benutzen (z. B. Fraktur statt Bruch)
- Hektik (steigert Angst und Nervosität der Betroffenen, vermittelt den Eindruck von mangelnder Kompetenz)
- Pathologisieren («Das kann ja wohl nicht mehr normal sein, wie der sich benimmt.») – auch nonverbal
- Versprechungen machen, die man vielleicht nicht halten kann («Den (Täter) werden wir bald erwischt haben.»).

c) Zusätzlich gibt es spezielle, *einfache Interventionstechniken* zu Entspannung, Beruhigung und Angstmanagement sowie zur Ressourcen-Stärkung, die im zweiten Teil dieses Kapitels erläutert werden. Sie sind so einfach, dass sie die Betroffenen zu diesem Zeitpunkt nicht überfordern, können aber schon jetzt viel dazu beitragen, die Opfer im Erleben von innerer Sicherheit und Wiederermächtigung zu unterstützen. In diesem Sinne sollten die Betroffenen die einzelnen Maßnahmen auch für sich zu Hause selber anwenden können.

3.1.3 Identifikation von Risikopersonen

Es gibt bestimmte Menschen oder Gruppen von Menschen, die besonders «anfällig» für die Entwicklung einer Posttraumatischen Belastungsstörung oder anderer gravierender psychischer und/oder psychosomatischer Folgeentwicklungen sind. Diese Menschen brauchen besondere Aufmerksamkeit, was eine weitere Nachbetreuung anbelangt, und häufig auch weitergehende psychologisch-psychotherapeutische Begleitung und Unterstützung.

Risikopersonen

- niedriges Einkommen und/oder geringe Bildung
- frühere gesundheitliche Probleme
- früheres Opfer von Gewaltverbrechen
- frühere Traumageschichte/andere traumatische Erfahrungen
- intensive emotionale Anfangsreaktionen auf das Ereignis
- eine wahrgenommene Bedrohung oder ernsthafte Verletzung oder Tod eines Angehörigen während des Ereignisses
- dem Anblick von Toten und Verletzten ausgesetzt gewesen
- schwere körperliche Verletzung
- Verlust eines Kindes
- erhöhte Rate sekundärer Folgen des traumatischen Ereignisses (z. B. Arbeitslosigkeit, Verlust der Wohnung)
- Mangel an notwendigen Ressourcen in der Zeit nach dem Ereignis (z. B. familiäre Stabilität, sicherer Arbeitsplatz, soziale Unterstützung)
- erhöhte Rate nicht-effektiver Bewältigungsstrategien nach dem Ereignis (z. B. Aktivismus, Drogenmissbrauch)
- Personen, die das Ereignis ausgelöst haben

Risikogruppen

- Rettungspersonen/Notfallhelfer
- Verletzte
- «Helden» (z. B. Menschen, die sich ohne Gedanken oder Rücksicht auf sich selbst in der Notfallsituation für andere einsetzen; Menschen, die während oder nach dem Ereignis besonders souverän erscheinen)
- Kinder

3.2 Checkliste zum Ablauf des Einsatzes

Eine solche Checkliste dient dazu, in der Hektik, im Chaos, in der Aufregung, die ein Notfalleinsatz mit sich bringt, den Überblick nicht zu verlieren und nichts Wichtiges zu vergessen.

Checkliste zum Notfalleinsatz

A: Vor dem Einsatz

1. Auftrags- und Situationsklärung

Wer ruft in wessen Auftrag an?

Namen/Personalien

- des Anrufenden
- des/der direkt Betroffenen

Vorfall/Traumatische Situation?

- Was ist passiert?
- wann?
- wo?

Sicherheit des/der Betroffenen und Zustand

- Ist die Person in Sicherheit (d. h. beispielsweise getrennt vom Täter)?
- Mit wem ist sie jetzt zusammen?
- Wie ist der körperliche Zustand?
- Ist die medizinische Versorgung abgedeckt?
- Wie ist der psychische Zustand (erregt/apathisch?)
- Einschätzung der aktuellen Gefährdung (Suizidgefahr?)

Andere Betroffene

- unmittelbar?
- mittelbar?
- wer?
- wie?
- Reaktionen?

Zeitpunkt und Ort des Einsatzes vereinbaren
- genaue und realistische Abmachung: eine halbe bis nächste zwei Stunden, nächste zwei bis vier Stunden
- wo? (an Ort? im Krankenhaus? Hausbesuch?)

2. Einsatzplanung und Organisation
- *Wer rückt aus?*
- *Wie viele Personen sind erforderlich?* (z. B. jemand für Frau, jemand für Kinder)
- *Wer löst ggf. wen wann ab?* (Die Einsatzzeit sollte nicht mehr als eineinhalb bis zwei Stunden betragen)

B: An Ort

1. Äußere Sicherheit
- gewährleistet?

2. Innere Sicherheit/Stabilisierung/Wiederermächtigung
- Beruhigung
- Information
- Intervention

3. Traumatisches Erlebnis
- «Was ist geschehen?»

4. Ressourcen
- äußere
- innere

5. Identifikation von Risikopersonen

6. Nachbetreuung

Erläuterungen zur Checkliste:

A: Vor dem Einsatz:

1. Auftrags- und Situationsklärung

Wer ruft in wessen Auftrag an?

Namen und Personalien des Anrufenden und, wenn nicht identisch, des Auftraggebers des Notfalleinsatzes sollten aus verschiedenen Gründen genau festgehalten werden. Ist z. B. der Anrufende nicht selbst Betroffener, muss geklärt werden, ob der Auftrag der psychologischen Notfallhilfe im Einverständnis mit dem/den Betroffenen erfolgt. Der Auftaggeber muss auch im Zusammenhang mit Finanzierung und Rechnungsstellung des Einsatzes eindeutig identifiziert werden können.

Namen des/der direkt Betroffenen: um zu wissen, wen man treffen wird, nämlich jemand Konkreten, nicht «eine Frau», sondern Frau Müller, und sich, gerade auch mit fremdländischen Namen, vertraut zu machen.

Vorfall/Traumatische Situation

Möglichst vollständige und genaue Informationen sind wichtig für die Einsatzplanung, für die äußere und auch innerliche Vorbereitung auf das traumatische Szenario und die zu treffenden Maßnahmen.

Sicherheit des/der Betroffenen und Zustand

Zur Vorbereitung der Helfer auf die zu erwartende Situation bzw. Einschätzung der erforderlichen Maßnahmen. Ist noch primäre körperliche Versorgung angezeigt? Zur (inneren) Sicherheit der Betroffenen: Das Opfer sollte nicht weiter destabilisiert werden, sondern im Gegenteil ein Gefühl von Sicherheit entwickeln können. Dies ist schlecht möglich, wenn z. B. Opfer und Täter, im Krankenhaus oder auf dem Polizeirevier, nebeneinander auf eine Bank gesetzt werden, um zu warten. Opfer und Täter trennen!

Andere Betroffene

Auch mittelbar Betroffene, z. B. Zeugen des Geschehens, können u. U. starke Belastungsreaktionen entwickeln und müssen dann ebenfalls entsprechend betreut werden können. Hier geht es um eine Art Vorausidentifikation (der Anzahl) möglicher Risikopersonen bzw. von Personen, die besonderer Aufmerksamkeit/Einzelbetreuungen bedürfen.

Zeitpunkt und Ort des Einsatzes

Unter dem starken (Ein-) Druck der traumatischen Situation und des Schnellhelfen-Wollens/-Sollens besteht die Gefahr, unrealistische Abmachungen zu treffen. Zusammenstellung und Vorbereitung des Teams brauchen Zeit, und es ist nicht günstig, Betroffene und Auftraggeber warten zu lassen. Zuverlässigkeit muss sein, speziell in Trauma-Situationen.

2. Einsatzplanung und Organisation

Hier geht es um die Zusammenstellung des psychologischen Notfallteams: Wer ist verfügbar, kompetent, aktuell fähig für den Einsatz? Wenn möglich, ist im Allgemeinen eine gute Durchmischung von Vorteil: Frauen und Männer, Neulinge und Erfahrene, Jüngere und Ältere. Zur Ablösung: Die Ausrückenden sollten auch die innere Sicherheit haben, dass sie nicht (auf Dauer) «allein gelassen» werden und ihre Einsatzzeit sicher begrenzt ist. Die Nachrückenden sind beizeiten informiert und können sich äußerlich und innerlich einrichten und vorbereiten.

B: An Ort

1. Äußere Sicherheit

Solange die Betroffenen nicht real äußere Sicherheit erleben können, kann sich auch das innere Gefühl von Sicherheit schlecht wieder einstellen. Zunächst muss also die äußere Sicherheit der Opfer geschützt und gewährleistet werden, was vor allem in Fällen sexueller und häuslicher Gewalt lange Zeit nicht selbstverständlich war. Dieses Anliegen kann selbstverständlich kein psychologisches Problem allein sein, gefordert ist hier eine Zusammenarbeit mit anderen Institutionen wie z. B. Polizei und Justiz.

Ein Beispiel: In der Schweiz entsteht auf kantonaler Ebene zunehmend eine vernetzte Zusammenarbeit zwischen Polizei, Justiz und Psychologischen Diensten, z. B. in Fällen häuslicher Gewalt. Diese Zusammenarbeit führte in verschiedenen Kantonen auch schon zu polizeilichen und juristischen Konsequenzen:

- *Die polizeiliche Praxis ist jetzt nicht mehr die, dass Frau und Kinder die gemeinsame Wohnung verlassen (müssen), sondern der Mann wird als Täter vorübergehend in Haft genommen. Zwischenzeitlich wird die Frau juristisch, psychologisch und sozial betreut und beraten.*
- *Juristisch gibt es die Möglichkeit der präventiven Inhaftierung. Das heißt, dass schon ernsthafte Drohungen ein Haftgrund sind und die Frau nichts «Konkreteres» mehr abwarten muss.*
- *Andrerseits gibt es das so genannte «Rayonverbot», womit dem Täter verboten wird, sich dem Opfer über einen gewissen Umkreis von Kilometern hinaus zu nähern.*

2. Innere Sicherheit/Stabilisierung/Wiederermächtigung

Leitsatz: Beruhigung und Entspannung gehen vor Information.

Ein basales Sicherheitsgefühl muss erst wieder gegeben sein, ehe die Betroffenen für Informationen aufnahmefähig sind, bzw. welche über das traumatische Ereignis geben sollen.

Es besteht sonst die Gefahr kontraproduktiver innerer Überwältigungen durch das Geschehene.

3. Traumatisches Erlebnis

Über das Erlebte sprechen, sofern möglich und nur, wenn die Betroffenen darüber sprechen wollen. Ermutigen, aber nicht «nötigen». Sorgfältiges Beobachten der Reaktionen, auch diagnostisch für Nachbetreuung, ggf. Distanzierungstechniken einsetzen.

4. Ressourcen

Äußere: Familie, Freunde, Beziehungsnetz, auch Arbeits- und Wohnsituation.

- Wer und was ist der psychischen Stabilisierung des Opfers zuträglich/hilfreich?
- Wer und was ist ihr abträglich? (Nicht immer ist z. B. das Verhalten von Verwandten und Freunden hilfreich zur Stabilisierung.)

Positive Ressourcen: aktivieren/verstärken.

Belastende Einflüsse: reduzieren.

Innere (Selbst-) Kompetenz:

- Wurde schon einmal Ähnliches/Belastungssituationen bewältigt? Wenn ja, wie?
- Was hilft/half bisher in Krisen, um ein wenig zur Ruhe zu kommen (z. B. malen, wandern)?
- Entscheidungsalternativen anbieten und weiteres Vorgehen gemeinsam besprechen
- einfache Distanzierungs- und Beruhigungsmethoden, die autonom ausgeführt werden können

5. Identifikation von Risikopersonen

Risikopersonen und evtl. komplizierte Verläufe aufgrund der Erstreaktionen oder anderer diagnostischer Hinweise (vgl. dazu die Liste der Risikopersonen) brauchen besondere Aufmerksamkeit im Hinblick auf die psychologische und psychotherapeutische Nachbetreuung.

6. Nachbetreuung

Die speziellen Bedürfnisse der Opfer sollten individuell abgeklärt werden:

- Sind (auch) sozialtherapeutische Maßnahmen erforderlich?
- Ist Beratung notwendig, z. B. auch juristischer Art?
- Welche Art der psychologischen Nachbetreuung ist angezeigt und erwünscht?

Es sollte je nach Zustand und Bedarf des Betroffenen ein Kontakt innerhalb der nächsten 24 bis 48 Stunden vereinbart werden, persönlich oder telefonisch. Gemeinsam besprechen, wie, wo und mit wem die Zwischenzeit verbracht wird.

- Wer ist im Krisenfall (z. B. bei Panik) erreichbar?
- Empfehlungen können gegeben werden («erfahrungsgemäß besser keinen Kaffee oder Alkohol, körperliche Bewegung tut gut» u. ä.).
- Die Angehörigen sollten über die (möglichen) Reaktionen des Betroffenen und ihre eigenen möglichen Reaktionen auf das Geschehen und die betroffenen Opfer informiert und über den Umgang mit solchen Reaktionen beraten werden.

3.3 Interventionen

Zustand: Die Betroffenen stehen noch unter der direkten Einwirkung der traumatischen Situation, die somatopsychischen Notfallmechanismen funktionieren autonom weiter.

Methoden: Entsprechend kann man hier noch nicht eigentliche «Methoden» einsetzen. Es handelt sich um ganz elementare, sehr einfache Notfallmaßnahmen und -techniken. Diese sprechen verschiedene Möglichkeiten der Wahrnehmung an. Je nach Zugang, der dem Opfer in der Situation am meisten entspricht, sind sie eher kognitiv, visuell oder körperlich orientiert.

Ziele: Beruhigung. Innerlich ins «Hier und Jetzt» kommen. Innere Sicherheit, Distanzierung und Stabilisierung. Ressourcenstärkung.

3.3.1 Distanzierung

Bei inneren Überflutungen durch das Geschehene:

1. Gedankenstopp

Bevor die betroffene Person über das Geschehen zu erzählen beginnt, wird sie darauf aufmerksam gemacht, dass man sie an bestimmten Stellen eventuell durch ein «Stopp» unterbrechen wird. In diesem Moment sollte sie einfach aufhören zu sprechen und woanders hinschauen (einen bestimmten Punkt abmachen), bewusst aus- und einatmen oder die Körperhaltung verändern.

2. TV-Technik

Wenn «der Film» (des Geschehenen) autonom und plötzlich immer wieder abläuft: «Versuchen Sie, diesen «inneren Film» in schwarz/weiß und ohne Ton zu sehen/sich vorzustellen/ablaufen zu lassen.»

3.3.2 Beruhigung und Entspannung

(sofort, Stunden, Tage nach dem Ereignis; in Notfallsituationen schlechthin)

1. Heilende Farbe

Das Gegenüber wird aufgefordert, sich eine Farbe vorzustellen, die als beruhigend/heilend empfunden wird. Diese Farbe wird nun, eventuell auch in einen schmerzenden Körperteil, eingeatmet.

2. Sicherheit einatmen

Eine andere Möglichkeit der Atemtechnik ist die, mit jedem Atemzug Sicherheit/Frieden einzuatmen und Angst auszuatmen.

3. Muskelentspannung

«Sie zählen jetzt langsam von 10 an rückwärts. Mit jeder Zahl spüren Sie, wie sich Ihr Körper zunehmend entspannt.»

Die meisten dieser Notfalltechniken sind Bestandteile oder abgewandelte Formen von Methoden der psychotherapeutischen Akuttherapie, wie sie im nächsten Kapitel besprochen werden.

3.4 Die Betreuung von Angehörigen

Nahe Bezugspersonen und Angehörige der traumatisierten Menschen sind häufig die «unsichtbaren» oder indirekten Opfer des traumatischen Geschehens, deren Einbezug in die psychologische Beratung und Betreuung leider bisher vernachlässigt und zu wenig beachtet wurde.

Dabei bedeutet das Trauma auch für sie eine extrem belastende Ausnahmesituation, und es hat auch auf ihre Lebenssituation Auswirkungen. Auch sie sind desorientiert und verzweifelt, und auch sie reagieren häufig mit ähnlichen Symptomen auf die Situation wie das Opfer selbst. Das sind die gleichen Gefühle von Ohnmacht, Angst, Hilflosigkeit, Zorn, aber durchaus auch widersprüchliche Gefühle, die belastend sein können, weil neben Mitgefühl z. B. auch «negative Gefühle» wie Eifersucht oder Zorn auf das Opfer auftauchen können.

Ein Ehemann, dessen Frau vergewaltigt wurde, schämt sich, weil er neben Mitgefühl und Wut auf den Täter auch Eifersucht empfindet: Ein anderer Mann hat seine Frau «besessen»!

Die Eltern eines Jugendlichen, der Opfer eines Überfalls wurde, spüren neben Mitgefühl auch Zorn auf ihren Sohn: «Wir haben ihm noch gesagt, dass er nicht allein in diese Gegend gehen soll!»

Der Bruder eines verunfallten Mädchens ist eifersüchtig, weil die Eltern «sich nur noch um S. (die Schwester) kümmern», und fühlt sich gleichzeitig deswegen schuldig.

Denn andrerseits sind die Angehörigen selbst oft sehr anfällig für Schuldgefühle, z. B., das Opfer nicht ausreichend geschützt zu haben, und diesbezüglich ist dann auch für Notfallhelfer besondere Behutsamkeit angezeigt, latent vorhandene Schuldgefühle nicht durch unvorsichtige Bemerkungen («Haben Sie denn nicht gewusst/gemerkt, dass…») zu verstärken.

Meist sind die Angehörigen mit ihren seelischen Reaktionen recht allein, zumal ja gewöhnlich auch der innere und äußere Anspruch besteht, allzeit stark, ruhig, souverän und verfügbar zu sein, um dem direkt betroffenen Opfer angemessen helfen zu können. Gleichzeitig wissen sie aber häufig selbst nicht, wie sie mit dem Geschehen und den Betroffenen umgehen sollen. So sind die Angehörigen einerseits unter großem Druck, haben aber andrerseits kaum Raum für ihre Gefühle, ihre Unsicherheit, ihre Ängste und ihre Desorientiertheit im Geschehen – eine offensichtlich schwierige und belastende Situation.

Betreuung Angehöriger im Notfalleinsatz

- Jemand im psychologischen Helferteam ist nur für die Information, die Betreuung und die Zusammenführung von Angehörigen zuständig.
- Information über mögliche Belastungsreaktionen und deren Verlauf beim direkten Opfer
- Information über mögliche Reaktionen auf das Opfer und die Situation bei den Angehörigen selbst
- Empfehlungen zum Umgang mit dem Opfer (ruhig «darüber» reden, wenn möglich, nicht «überbeschützen» usw.)
- Empfehlungen zum Umgang mit sich selbst (keine «übermächtigen» Ansprüche an sich selbst, selber auch für Entspannung sorgen (dürfen) usw.)
- Evtl. einfache, konkrete Aufgaben geben/einbinden («Sie könnten der Polizei die Personalien angeben.»)
- Angehörige «dürfen» ggf. auch psychologische Beratung und Betreuung für sich selbst in Anspruch nehmen.

Beratung der Angehörigen

- Die psychologische Beratung der Angehörigen sollte durch eine andere Person erfolgen als die psychologische Betreuung der Opfer.
- Zentral ist, dass die betroffenen Angehörigen hier Zeit und Platz für sich finden, für ihre Anliegen, ihre Bedürfnisse, ihre Gefühle, ihre Betroffenheit.
- Informationen wie oben, angepasst an die individuelle Situation der direkt und indirekt betroffenen Angehörigen
- Empfehlungen wie oben, angepasst an die individuelle Situation der direkt und indirekt betroffenen Angehörigen.

3.5 Kinder

Kinder werden durch ein Trauma häufig noch weitreichender und tiefer seelisch verletzt, als es bei Erwachsenen nach vollendeter biopsychologischer und sozialer Reifung der Fall ist, denn die körperlichen, geistigen, emotionalen und sozialen Folgen der Traumatisierung prägen ihre gesamte weitere Entwicklung und Identitätsbildung. Die traumatische Erfahrung dringt gewaltsam in Themen und Aufgaben ein, die das Kind in dieser speziellen Phase seiner Entwicklung erlernt und zu bewältigen hat, und prägt die weitere Entwicklung in eben diesen Bereichen. Was die langfristigen Konsequenzen betrifft, spielt es im konkreten Fall eine Rolle, welchen Abschnitt und Stand der Entwicklung das traumatisierte Kind in physischer, psychischer, psychosexueller und sozialer/zwischenmenschlicher Hinsicht erreicht hat und welche Entwicklungslinien in welcher Weise betroffen und verletzt sind. Es spielt eine Rolle, ob es sich um ein einmaliges traumatisches Erlebnis, ein Schocktrauma, wie z. B. einen Unfall handelt, das in einer sicheren, schützenden, geborgenen familiären Umgebung «aufgefangen» werden kann, ob die Eltern/nahe Bezugspersonen selbst traumatisiert sind, oder ob sie sogar selber die traumatogenen Personen sind, wie in Fällen schwerer, langanhaltender Traumatisierung bei Kindsmisshandlung und Kindsmissbrauch. Im letzteren Fall sind viele Entwicklungsthemen tief und langfristig betroffen und verletzt, und alle Kräfte des Kindes bleiben im Versuch gebunden, die fortgesetzte Traumatisierung physisch und psychisch zu überleben, so dass die ganze Persönlichkeitsentwicklung stagniert. Im Falle des einmaligen Schocktraumas muss die Entwicklung nicht derartig unterbrochen werden, es bleibt unter Umständen als unintegrierte einzelne Erinnerung erhalten. Kindheitstraumata können also eine Vielzahl von Entwicklungsverläufen, Symptomen und Diagnosen im späteren Leben nach sich ziehen, und deswegen bedürfen Kinder nach traumatischen Außenerfahrungen immer einer speziellen psychologischen Aufmerksamkeit.

3.5.1 Reaktionen

- Hilflosigkeit, Passivität
- kognitive Konfusionen (verstehen z. B. nicht, dass die Gefahr vorbei ist)
- Angst

- Anklammerungstendenzen
- regressive Symptome (z. B. wieder Daumen lutschen – Versuch, in den früheren «sicheren Hafen» zurückzukehren)
- aggressives Verhalten
- Ein- und Durchschlafstörungen
- Ausagieren der traumatischen Erfahrung im wiederholten «traumatischen Spiel» oder gegenüber anderen Menschen in der Wiederholung selbst erlittenen Verhaltens (Opfer, die Täter werden)
- Trauma-spezifische Ängste, Angstträume
- wiederkehrende, sich aufdrängende Erinnerungen
- veränderte Einstellung zu Menschen, zum Leben, zur Zukunft (Vertrauensverlust, negative Erwartungen)

3.5.2 Umgang

Für Notfalleinsatz und Akuttherapie gilt:

Sind Kinder betroffen, ist zunächst grundsätzlich und vor allem der (Wieder-)Aufbau eines «Schutzschildes» und «Sicherheitsraumes» durch Erwachsene wichtig für die Verarbeitung der traumatischen Erfahrung. Die Identifikation und die Aktivierung der protektiven Faktoren, der inneren und familiären Ressourcen, ist zentral.

Konkret in der Notfallsituation:

- *Sich immer* um Kinder *kümmern,* auch wenn sie nicht verletzt sind und «ganz gut» mit der Situation umzugehen scheinen.
- Da es für Kinder noch schwieriger ist, das Geschehen kognitiv zu erfassen, ist umso mehr *emotionale Zuwendung* wichtig.
- Verbal: Kindern *beim Verbalisieren helfen,* selber langsam und in Wiederholungen sprechen; konkrete, *altersgemäße,* «überschaubare» *Erläuterungen* geben.

- *Körperkontakt* (z. B. in den Arm nehmen) wird v. a. von Kindern (und auch von alten Menschen) als beruhigend und angstreduzierend empfunden. Mit viel Vorsicht dagegen bei Jugendlichen, v. a. in der Pubertät. Offenheit, Reaktionen und Grenzen der Betroffenen beachten!

- Es hilft, ein *Kuscheltier* bei sich zu haben, das das Kind auch behalten darf. Ein Kuscheltier hilft, einen Kontakt zum Kind herzustellen, es lenkt ab, es tröstet, gibt Halt, man kann ihm seine Ängste und Nöte anvertrauen und es kann gegebenenfalls auch als «Hilfs-Ich» fungieren, das, anstelle des Kindes, vom traumatischen Geschehen erzählt.

- *Ablenken* von der Situation und von den Schmerzen ist bei Kindern in dieser Situation anzuraten, sofern sie nicht gleich weggebracht werden können. Man kann ihnen z. B. die technischen Geräte des Rettungswagens erklären, mit ihnen spielen, sie Gummihandschuhe bemalen lassen…

- Die Eltern *hinzuziehen* und bei allen Maßnahmen begleiten lassen. Keine Trennung von den Eltern/Angehörigen.

4. Massennotfälle/ Kollektive Katastrophen

Sind mehrere oder gar sehr viele Personen von einem traumatischen Ereignis betroffen, wie z. B. bei einer Naturkatastrophe oder einer technischen Katastrophe, wird der psychologische Notfalleinsatz personell, organisatorisch und auch inhaltlich komplexer und anspruchsvoller. Er bedingt deswegen ein formales, offizielles System der psychologischen Notfallversorgung sowie die Zusammenarbeit und Vernetzung mit staatlichen Institutionen wie z. B. der Polizei, Notarztzentralen, Notfallsanität und Feuerwehr.

Die Aufgaben sind dieselben wie im Einzelfall:

- aufklären über mögliche Folgen der traumatischen Erfahrung
- die «Hoffnung auf Normalität» stärken
- Angst- und Stressreduktion
- Risikopersonen identifizieren
- für eine angemessene psychologische Nachbetreuung sorgen
- Erfahrungsaustausch/Rekonstruktion des Geschehens (Debriefing, vgl. Kapitel 5. 2. 1, S. 67) in Gruppen organisieren und leiten.

4.1 Typische Reaktionen und Phasen des Verlaufs bei Gruppen

Gruppen von Betroffenen entwickeln eine eigene Dynamik in der Reaktion auf eine traumatische Erfahrung.

1. **Die heroische Phase:** Sie spielt sich schon während des Ereignisses ab oder kurz danach. Die Menschen helfen einander, verhalten sich altruistisch, versuchen, Leben und Besitztümer zu retten.

2. **Die «Flitterwochen (amerikanisch: «Honeymoon-»)-Phase»:** zirka eine bis mehrere Wochen nach dem Ereignis. Das Hochgefühl, eine gemeinsame Katastrophe überlebt zu haben. Offizielle Institutionen versprechen Hilfe. Große öffentliche Anteilnahme und Unterstützung.

3. **Die «Desillusionierungsphase»:** Wochen bis Monate nach dem Ereignis. Dann kommt es zum «Abstieg». Enttäuschung, Ärger und Bitterkeit entstehen. Die öffentliche Unterstützung und Hilfe wird geringer oder entspricht nicht den Erwartungen, auch staatliche Helfer ziehen sich zurück. Das Bewusstsein von Gemeinschaft verliert sich, die Opfer konzentrieren sich auf ihre eigenen Probleme. Kritische Phase zwischen Bewältigung und Integration der Erfahrung, «mit dem Trauma leben lernen» und der Möglichkeit einer psychischen «zweiten Katastrophe», die bei ca. 25 % der Betroffenen zu einer Posttraumatischen Belastungsstörung führt.

4. **Die Phase der Rekonstruktion:** Monate bis Jahre nach dem Ereignis. Die Betroffenen werden sich bewusst, dass sie die Probleme, die in Verbindung mit dem traumatischen Ereignis stehen, weitgehend selber lösen müssen. Neuaufbau. Entwicklung von Maßnahmen, die den Betroffenen das Gefühl zurückgeben, von Gemeinde und Gesellschaft unterstützt zu werden.

4.2 Sinn und Zweck psychologischer Gruppen zu diesem Zeitpunkt

Nach Ereignissen, von denen viele Personen betroffen sind, kann es sinnvoll sein, recht schnell nach der traumatischen Erfahrung Gruppen Betroffener zum Austausch über das Erlebte zu bilden und zu begleiten. Während eine psychologische Betreuung in der «Flitterwochenphase» aber zum Teil vielleicht noch gar nicht unbedingt nötig ist, ist sie sicher spätestens zu Beginn des «Abstiegs» und in der «Desillusionierungsphase» sinnvoll, nachdem das erste euphorische Gefühl, eine Katastrophe gemeinsam überstanden zu haben und alle Unterstützung zu erhalten, langsam schwindet. Ideal wäre es, jeder, der davon betroffen war, könnte daran teilnehmen. Aber auch hier muss zunächst eine Auswahl der Betroffenen erfolgen, die in einem relativ stabilen Zustand ohne besonders schwere Belastungsreaktionen sein sollten. Der Gruppenaustausch sollte möglichst am Ort oder in der Nähe des Geschehens stattfinden, sofern äußere Sicherheit jetzt absolut besteht, denn dadurch verringert sich die Gefahr späterer Reaktionsbildungen, wie z. B. phobisches Verhalten.

Am Anfang werden die Teilnehmer über Belastungsreaktionen und den Sinn und die Struktur der Gruppe informiert. Einige wenige «Regeln» werden erläutert wie z. B. die der Geheimhaltung nach außen und dass möglichst alle Teilnehmer reden sollten, aber jeder nur, soviel er will. Sinn und Zweck ist vor allem ein gegenseitiger Informationsaustausch über das Erlebte, um Erinnerungslücken zu schließen. Denn die traumatische Erinnerung sollte nicht in einem unvollständigen und bruchstückhaften Zustand fortbestehen. Der Austausch dient aber auch der emotionalen Entlastung; für viele Menschen ist es beruhigend zu hören, dass andere dieselben Reaktionen haben und sie in ihrem Erleben nicht allein sind. Die Gruppe fördert auch das Gefühl sozialer Unterstützung und erleichtert es, Selbsthilfeinitiativen zu aktivieren. Dem psychologischen Begleiter schließlich erleichtert sie, Risikopersonen zu identifizieren.

Eine große Firma führte ein Führungs- und Kommunikationstraining durch, an dem ca. 20 Personen beteiligt waren. Das Training sollte sechs Abende dauern, mit einwöchigem Abstand. Am dritten Kursabend ging eine Teilnehmerin, Frau K., 42-jährig, in der Pause auf die Toilette und kam danach nicht zum Training zurück. Dies fiel der Kursleiterin, Frau A., auf und am Ende des Abends suchte sie, gemeinsam mit einigen der Teilnehmer, nach Frau K. Sie und eine andere Frau fanden dann schließlich Frau K. in einer Toilettenkabine tot vor. Die Kurs-

teilnehmerin versuchte noch, Frau K. durch Beatmung wiederzubeleben, aber vergeblich. Drei Tage später rief Frau A. die Fachstelle für Psychotraumatologie an. Sie war geschockt über das Ereignis, ebenso wie die Kursteilnehmer. Sie könne sich nicht vorstellen, «einfach so» mit ihrem Training weiterzufahren. Frau A. bat mich, an der nächsten Gruppensitzung teilzunehmen, die sie einzig dem Tod von Frau K. widmen wollte. Ihre Anliegen waren, in der Gruppenleitung unterstützt zu werden, dass die Gruppe bei diesem Abschied psychologisch begleitet und betreut würde und dass, wenn möglich, auch Hilfestellungen zur Verarbeitung des Geschehenen gegeben werden könnten.

Frau A. informierte mich auch darüber, dass der Ehemann und der 16-jährige Sohn der Verstorbenen bei diesem Anlass mit den Menschen, die Frau K. zuletzt lebend gesehen hatten, ebenfalls anwesend sein wollten. Die Gruppenteilnehmer selbst waren äußerlich in verschiedener Weise von dem Ereignis betroffen. Viele waren an dem Abend schon nach Hause gegangen und hatten erst später von dem Todesfall gehört. Einige hatten bei der Suche geholfen. Davon hatten drei Personen die Tote gesehen und/oder berührt.

Das Gruppentreffen fand vier Tage danach am Ort des Geschehens statt und der Abend, der insgesamt gut drei Stunden dauerte, verlief in fünf Phasen:

1. Phase: Information und Empfehlungen
In dieser Phase waren alle Personen, die an dem Abend am Training teilgenommen hatten, anwesend.

- *Zunächst wurden alle Teilnehmer durch die Kursleiterin Frau A. noch einmal als Gruppe über das Geschehen an jenem Abend und über die Todesursache von Frau K., die inzwischen ermittelt war (Herzversagen als Folge eines nicht erkannten Herzleidens), informiert.*

- *Es folgten die psychologischen Informationen zu Belastungsreaktionen, Formen und Verlauf, sowie Empfehlungen zum Umgang mit solchen Reaktionen.*

2. Phase: Austausch
Einzelne Teilnehmer bestätigten, diese Reaktionen erlebt zu haben oder zu erleben, und erzählten von ihren Erfahrungen. Es entstand ein Gruppenaustausch über die Gefühle, Gedanken, das Erleben seit dem Ereignis.

3. Phase: Abschied nehmen
Im Anschluss an diesen Austausch hatten die Teilnehmer Gelegenheit, persönlich und individuell Abschied von der Verstorbenen zu nehmen.

4. Phase: Kleingruppe/Rekonstruktion des Geschehenen (Debriefing, vgl. Kapitel 5.2.1, S. 67)

Nach diesem gemeinsamen, sehr bewegenden Ritual verließen die meisten Teilnehmer die Gruppe. Zurück blieben sieben Personen, die von dem Ereignis in besonderer Weise betroffen waren. Es waren die Kursleiterin, Frau A., Witwer und Sohn der Verstorbenen, und vier Gruppenteilnehmer, die bei der Suche nach Frau K. geholfen hatten. Zwei davon hatten relativ starke Belastungsreaktionen, nämlich die Frau, die versucht hatte, die Tote zu beatmen, sowie ein junger Mann, der erst Wochen zuvor ein anderes traumatisches Ereignis erlebt hatte.

Es folgte eine Rekonstruktion des Geschehenen, in der gemeinsam die einzelnen Fragmente der Erinnerung an jenen Abend, Getanes, Gesehenes, Gehörtes, Gedachtes usw. rekonstruiert und zu einem Ablauf zusammengesetzt wurden.

5. Phase: Individuelle Nachbetreuung
Mit den Risikopersonen – Kursleiterin, Witwer und Sohn und den zwei besonders belasteten Kursteilnehmern – fanden anschließend noch kurze Einzelbesprechungen statt, in denen individuell weitere Maßnahmen besprochen und, je nach Bedürfnis, organisiert wurden.

4.3 Checkliste für den Einsatz bei Massennotfällen

A: Vor dem Einsatz

1. Auftragsklärung

- Wer ruft in wessen Auftrag an (Namen aufnehmen)?
  Das Opfer meldet sich meist nicht selbst – Polizei, Arzt, Feuerwehr rufen an und können auch erste Informationen geben.
- mit welchem Auftrag genau an die psychologische Notfallversorgung?

2. Vorfall/Traumatische Situation

- Was ist passiert?
- wann?
- wo?
- Wie viele Personen waren/sind ungefähr involviert?
- wie viele unmittelbar Betroffene?
- wie viele mittelbar Betroffene?

3. Sicherheit der Betroffenen

- Sind die Betroffenen jetzt in Sicherheit?
- Wo sind sie und wer ist bei ihnen?

4. Zustand der Betroffenen

a) Körperlich:

- wie viele Verletzte? Tote?
- welche Verletzungen?
- Ist die medizinische Versorgung abgedeckt?
- Wohin wurden/werden Verletzte gebracht?

b) Psychischer Zustand:

- Wie ist allgemein der Zustand der Betroffenen?
- Welche Reaktionen sind aufgetaucht?
- Sind einzelne in ihrer Reaktion speziell aufgefallen? (diese nicht alleine lassen)

5. Organisation

- Hilfspersonen: Wie viele Helfer und welche sind noch beteiligt? (Polizei, Sanität, Pfarrer usw.)
- bei der Einsatzleitung erkundigen: Wer hat vor Ort die logistische Oberleitung (Name und Funktion)?
- Mitteilung an den Auftraggeber, wer im psychologischen Notfall-Team Ansprechpartner/Einsatzleiter ist
- Infrastruktur: Stehen Räume/Rückzugsmöglichkeiten zur Verfügung (für Zusammenführungen, Gruppen)?
- Ist der Zufahrtsweg zur Unglücksstelle frei?

6. Zeit und Ort des Einsatzes vereinbaren

- Zeit: realistische Abmachungen. Das psychologische Notfallteam muss zuerst zusammengestellt werden; erst dann kann die gemeinsame Einsatzplanung und -besprechung erfolgen.
- Ort: Bei Massennotfällen können es auch mehrere Einsatzorte sein (z. B. Unglücksort und Spital). Das muss bei der Einsatzplanung berücksichtigt werden.

B: Einsatzplanung und -besprechung

1. Wie viele Personen rücken aus? Wer?
- Zusammenstellung des Teams
- Ablösungen organisieren

2. Aufteilung der Aufgaben im psychologischen Team
- Einsatzleitung an Ort (Organisation und Koordination)
- Telefondienst/Nottelefon/Auskunft/Betreuung der Angehörigen
- Betreuung verletzter Personen im Spital: Einzelbetreuung (für Leichtverletzte: evtl. Gruppe)
- Betreuung unverletzter Personen:
  – für unmittelbar Betroffene
  – für mittelbar Betroffene (Angehörige, sekundär Traumatisierte)
  – für Risikopersonen (Einzelbetreuung)
  – für Einsatzkräfte
  – für Gruppenzusammenstellung und -leitung
  – für Umgang mit Medien, Zuschauern usw.

C: Notfalleinsatz an Ort

1. Ankunft

- Überblick verschaffen (Zeit nehmen! Ist die eigene Sicherheit gewährleistet?)
- Wo befinden sich die Räume für Zusammenführungen und Gruppen?
- Ist ein Nottelefon eingerichtet? Werden Angehörige benachrichtigt? Von wem?
- Koordination und Einsatzbesprechung mit logistischer Leitung: Zuständigkeiten und gegenseitigen Informationsaustausch regeln

2. Einsatz

- Zusammenführung betroffener Angehöriger/Freunde/Nachbarn
- Einzelbetreuungen
- Gruppenbetreuung
- Information und Betreuung hinzukommender Angehöriger/Abholer
- Risikopersonen identifizieren
- Nachbetreuung individuell und kollektiv sichern

4.4 Der Notfallkoffer oder -rucksack

Inhalt:

- Handy
- äußere Kennzeichnung (Psychologische Notfallhilfe)
- Visitenkarten
- Taschentücher
- Merkblatt für Betroffene/Angehörige
- Kuscheltier, Schnuller
- Taschenlampe
- Gummihandschuhe
- Sitzpolster
- Traubenzucker
- persönliche Gegenstände/Talisman
- (Bach-Blüten-«Notfalltropfen» oder andere rezeptfreie Beruhigungsmittel)
- Adressbuch mit wichtigen Telefonnummern
- Checklisten

5. Trauma-Akuttherapie

5.1 Inhalte

Die dritte Ebene der Intervention betrifft längst nicht mehr alle traumatisierten Menschen und besteht in einer eigentlichen akut-psychotherapeutischen Betreuung. Akuttherapie ist definiert und begrenzt durch:

- *die Indikation:* akute Belastungsstörung und (akute) PTBS
- *therapeutische Ziele:* begrenzt. Symptommilderung bzw. -befreiung/umschriebene Belastungssymptome.
- *zeitlich:* übersteigt im Allgemeinen nicht mehr als 10 bis 20 Sitzungen.

Sie ist also in erster Linie und idealerweise angezeigt und ausreichend bei einmaligen, abgegrenzten, auch eher «nicht-persönlich gemeinten» traumatischen Ereignissen wie z. B. einer Naturkatastrophe, die psychisch relativ stabile Personen in einem relativ stabilen sozialen Rahmen betreffen.

Dazu ein Beispiel:

Herr J. ist bei einem Raubüberfall an seinem Arbeitsplatz mit einem Messer angegriffen aber nicht körperlich verletzt worden. Fünf Wochen danach leidet Herr J. noch immer an schwerer Schlaflosigkeit, Albträumen, Panikanfällen und flashback-Erlebnissen, die es ihm fast unmöglich machen, zu arbeiten.
Er hat aber vorher nie traumatische Erfahrungen gemacht, und auch seine jetzigen Lebensumstände weisen keine weiteren destabilisierenden Faktoren auf (harmonische Ehe, gesicherter Arbeitsplatz, gute und unterstützende soziale Verhältnisse), sondern sind im Gegenteil wertvolle Ressourcen. Auch ist Herr J. von ansonsten stabiler Persönlichkeitsstruktur. In einem solchen Falle ist eine psychotherapeutische Akuttherapie wahrscheinlich gut und hinreichend, und so war es auch bei Herrn J., der sich nach acht Sitzungen «wieder gesund» fühlte: Er hatte die innere Gewissheit: «Jetzt ist es wirklich vorbei.»

In anderen Fällen ist, bei ähnlicher Ausgangssymptomatik, eine Trauma-Akuttherapie allein wohl nicht indiziert oder ausreichend. *Frau Z. wurde von ihrem Lebenspartner brutal zusammengeschlagen. Seitdem leidet sie an Angst- und Panikattacken, massiven Schlafstörungen und immer wiederkehrenden flashback-Bildern des Geschehenen.* Das sind, wie bei Herrn J., typische reaktive Symptome auf das akut Geschehene. Nun ist dies aber nicht die erste Erfahrung solcher Art, die Frau Z. machte: In ihrer Biografie gab es schon einen schlagenden Stiefvater, eine Vergewaltigung mit 15 Jahren und bereits eine andere Partnerschaft, in der sie geschlagen wurde. Hier, wie in vielen anderen Fällen leider auch, handelt es sich um mehrfache und verflochtene Formen traumatogener Einflüsse mit komplexen Folgen für die gesamte Persönlichkeitsentwicklung und Lebensgeschichte der Betroffenen, die in einer Akuttherapie allein sicher nicht angemessen behandelt werden können.

Im Rahmen der psychotherapeutischen Akuttherapie gelten die normalen Richtlinien eines psychotherapeutischen Settings und, anders als in der Notfallsituation, auch «kontrollierte Bedingungen» wie z. B. eine begrenzte Sitzungszeit. Solche Therapien können/sollten nur von psychologischen oder medizinischen Psychotherapeuten mit entsprechenden Zusatzausbildungen im Trauma-Bereich durchgeführt werden, in Akutfällen oft in ergänzender Zusammenarbeit mit Ärzten, Juristen und sozialen Institutionen, die die «außerpsychologische», d. h. die körperliche, soziale und juristische Betreuung wahrnehmen.

Die Therapie sollte von einem anderen Therapeuten durchgeführt werden als jenem, der u. U. schon Betreuer in der Notfallsituation war. Dies ist für beide Seiten, Therapeuten und Betroffene, sinnvoll. Das Argument für eine Weiterführung der Betreuung bei derselben Person über die Notfallsituation hinaus lautet häufig, dass sich ja schon ein Vertrauensverhältnis aufgebaut habe, das man weiter «nutzen» sollte. Dem ist entgegenzuhalten, dass eine anschließende Psychotherapie durch dieses eben speziell geprägte Verhältnis auch schwieriger wird und sich möglicherweise kontraproduktiv auswirkt. Der psychologische Helfer nimmt im therapeutischen Rahmen eine «andere Identität» an, z. B. lässt er sich nicht mehr, wie im Chaos der Notfallsituation, duzen. Tut er es doch, gibt es andere Probleme. Es gibt andere Strukturen, andere Grenzen, eine andere Beziehung als in der Notfallsituation selbst. Die Opfer sind verwirrt und empfinden die neuen Bedingungen leicht als Zurückweisung. Die Durchführung einer Akutpsychotherapie durch den psychologischen Betreuer in der Notfallsituation unterstützt auch die ohnehin vorhandene Regressionsneigung der Betroffenen. In der Notfallsituation tritt nämlich häufig ein starker «Konrad-Lorenz-Effekt» auf, d.h. haben die Betroffenen Vertrauen zum psychologischen Betreuer und fühlen sie sich bei ihm «geborgen», neigen sie, wie das Lorenz'sche Gänseküken, dazu, bei diesem vertrauten «Erstobjekt» zu verharren und sich vertrauensvoll «anzuheften», und das wiederum mag in einer anschließenden Psychotherapie dann den Zugang zu progressiven Prozessen erschweren.

Daraus folgt, dass Akuttherapie (allein) im Allgemeinen nicht indiziert/ausreichend ist bei:

- extremen Erstreaktionen (starke dissoziative oder wahnhafte Phänomene)
- einer traumatischen oder trauma-begleiteten Vorgeschichte (wiederholte traumatische Erfahrung)
- begleitenden (prä-traumatischen) Problemen lebensbeeinträchtigender Art
- wenn schon Sekundärprobleme entstanden sind (depressives Geschehen, Substanzmissbrauch u.a.)
- extremen Ereignissen (Tod des eigenen Kindes, eigene schwere körperliche Verletzung usw.).

Solche Indikatoren aber werden schon im Erstgespräch bzw. der Abklärungsphase ersichtlich; in diesen Fällen ist dann auch von Anfang an ein längerfristiger und weiterführender Ansatz der Trauma-Psychotherapie bei Fachleuten mit entsprechender fachlicher und zeitlicher Kapazität angezeigt und einzuberechnen.

Unbehandelte oder nicht fachgemäß behandelte Belastungsstörungen haben eine sehr hohe Chronifizierungstendenz. Die Hälfte der Personen mit einer unbehandelten PTBS leidet auch nach zehn Jahren noch unter den Symptomen. Außerdem sind andere Sekundär- und Langzeitfolgen bekannt wie z.B. Depressionen und Süchte oder psychosomatische Krankheiten von chronischer Migräne bis hin zum Magengeschwür. Auch andauernde Persönlichkeitsveränderungen treten auf und äußern sich z.B. in Beziehungsproblemen, sozialem Rückzug oder einer chronischen Nervosität. All diese möglichen Folgeerscheinungen unbewältigter Extrembelastungen wirken sich natürlich stark lebensbeeinträchtigend aus, und oft wird bei einer späteren medizinischen oder psychologischen Behandlung das Trauma als pathogene Ursache solcher ko-morbiden Phänomene und Krankheitsbilder verkannt.

Im Sinne der Prävention solcher Langzeitfolgen werden in der Trauma-Akutpsychotherapie *akute Belastungsstörungen* behandelt; das heißt diagnostisch, dass die Symptome mindestens zwei Tage, aber weniger als einen Monat andauern und innerhalb der ersten vier Wochen nach dem Ereignis auftreten, begleitet von dissoziativen Phänomenen sowie von Leidensdruck und schweren Beeinträchtigungen des alltäglichen Lebensvollzugs (DSM IV).

Auch *(akute) Posttraumatische Belastungsstörungen* (PTBS) sind Gegenstand der Trauma-Akutpsychotherapie, das heißt, dass die Belastungssymptome mehr als einen, aber weniger als drei Monate in lebensbeeinträchtigender Weise andauern, aber die dissoziativen Phänomene nicht mehr (offensichtlich) bestehen müssen (DSM IV).

Wie weiter oben beschrieben, ist dieser Zeitraum eine sensible und kritische Phase und auch eine der Weichenstellung zwischen dem Weg der Verdrängung und Abspaltung des Traumas einerseits und dem einer möglichen Integration des Geschehenen andrerseits.

Erfahrungsgemäß beansprucht eine Akuttherapie, deren Ziel vorrangig die Symptombefreiung ist, einen zeitlichen Rahmen von nicht mehr als 10 bis 20 Sitzungen. In komplexeren Fällen von Traumatisierung, v. a. bei mehrfachen lebensgeschichtlichen traumatischen Erfahrungen oder bei Langzeit-Traumatisierungen, ist eine Akuttherapie in der Regel nicht ausreichend. Es ist dann eine weiterführende Trauma-Psychotherapie indiziert, die aber nicht Gegenstand dieses Buches ist. Auch eine psychotherapeutische Trauma-Akuttherapie sollte nur von psychologischen oder ärztlichen Psychotherapeuten mit psychotraumatologischer Zusatzausbildung durchgeführt werden.

5.1.1 Die akute Belastungsstörung (DSM IV)

Symptome

Wiedererleben

Unkontrolliertes Überwältigtwerden vom Erleben der traumatischen Erfahrung in Form von (Alb-) Träumen, «flashbacks» oder quälenden Gedanken und Erinnerungen

Vermeiden

Psychische Erstarrung oder nachhaltiges Vermeidungsverhalten, indem bestimmte Themen/Gedanken oder erinnerungsauslösende Menschen, Orte, Situationen gemieden werden, evtl. psychogene Amnesien

Angst und nachhaltige Erregung

Die Betroffenen leben psychisch und physisch ständig angespannt, in Angst und auf einem erhöhten Erregungsniveau (z. B. Reizbarkeit, Wutausbrüche, Konzentrationsschwächen, übertriebene Schreckreaktionen, Schlafstörungen, generelle Überwachsamkeit).

Dissoziative Phänomene

Das sind Störungen oder Veränderungen in den normalen, integrativen Funktionen von Identität, Gedächtnis und Bewusstsein. Sie sind Folge einer Überforderung des Bewusstseins bei der Möglichkeit der Verarbeitung einer überwältigenden Erfahrung und so zunächst eine Bewältigungsstrategie des Organismus. Eine vollständige Information über das Geschehene ist dem Bewusstsein nicht zugänglich. Emotionale und beobachtende Anteile haben keine Verbindung zueinander. Das Wissen und Benennen, das Handeln, die Bilder und die Gefühle sind voneinander abgespalten. Psychogene Amnesien. Phänomene der Derealisation und Depersonalisation

- *Frau B. empfindet vier Wochen nach dem Unfalltod ihrer kleinen Tochter: «Ich bin nur eine Hülle und funktioniere wie ein Roboter. Es ist alles so unwirklich. Ich sollte doch etwas empfinden, aber ich tue es nicht. Es ist, als passiere das jemand anderem – wie in einem Film.»*

- *Frau Z. schildert ihre Vergewaltigung. Sie erzählt den Ablauf des Geschehens und hat auch keine Mühe, darüber zu berichten, aber sie spricht ohne Gefühl für sich selbst, so, als lese sie aus einem Buch vor und sei selber gar nicht betroffen. Ihr Wissen ist von den dazugehörigen Gefühlen abgespalten.*

- *Herr L. war vor einigen Wochen zusammen mit anderen Personen Opfer einer mehrstündigen Geiselnahme. Er erinnert sich an vieles, was in diesen Stunden* geschah, an einiges sogar übergenau, aber dann wieder fehlen ganze Teile der Erinnerung, «schwarze Löcher», wie er sagt. Auch wenn er von anderen hört, was in dieser Zeit geschah, ist es für ihn «fremd, wie nicht erlebt».

- Frau W. erzählt: «Immer, wenn er (der Ehemann) mich vergewaltigte und schlug, bin ich wie aus meinem Körper hinausgeschwebt. Ich habe von der Decke aus zugesehen, und er hatte nur eine leere Hülle, ich habe nichts gefühlt.»

5.1.2 Therapeutische Ziele und zentrale Faktoren der Genesung

Therapeutische Ziele sind:

- *innere Sicherheit stärken*
- *Umgang mit belastenden Symptomen*
- *Verarbeitungsprozess unterstützen.*

1. Sicherheit stärken

Vieles, was hier geschehen sollte, wurde bereits im Kapitel «Psychologischer Notfalleinsatz» erläutert. Allerdings kann dieser Prozess bei traumatisierten Menschen lange dauern.

Faktische äußere Sicherheit

- *Zwischenmenschliche Sicherheit*
Beruhigende, unterstützende und Sicherheit fördernde Beziehungen und Kontakte fördern, belastende reduzieren oder einschränken

- *Sicherheit im Lebensraum und in der Lebensgestaltung*
Zunächst müssen die gegenwärtigen realen Möglichkeiten des Betroffenen abgeklärt werden, sich in der Außenwelt zu bewegen (Sicherheitsaspekt und Ressourcen). Dann sollte versucht werden, prätraumatische Handlungskompetenzen zu reaktivieren: Routinen (Hobbys, Sport, Arbeit) wieder aufnehmen, Arbeit an Alltagsstrukturen

Inneres Sicherheitserleben

Hierzu gehört der Umgang mit belastenden Symptomen und inneren Zuständen sowie die Reaktivierung von eigenen Ressourcen bzw. die Verbindung zu prä-traumatischen Selbstanteilen, indem Kontakt zu früheren Lebenserfahrungen, Fähigkeiten, Stärken und Erfolgen aufgenommen wird.

2. Umgang mit belastenden Symptomen

a) Wiedererleben

Ziel:

Rückgang der Frequenz und Intensität erreichen

Maßnahmen:

1. Information:
- gehört zum normalen Verarbeitungsprozess
- lässt sich nicht willentlich verdrängen
- wird im Allgemeinen weniger, wenn man sich nicht dagegen wehrt

2. Dosierungs- und Distanzierungstechniken

b) Vermeidung

In der allerersten Zeit als Abwehr zu akzeptieren, allenfalls behutsame, indirekte Annäherung. Sollte nicht persistieren, denn wenn das «gelingt», wird es von den Betroffenen zunächst als entlastend und befreiend erlebt, hat aber dann die Neigung, lebenslang, mit inneren und äußeren Lebenskonsequenzen, anzudauern. Oft sagen die Betroffenen ausdrücklich, dass sie «nicht mehr daran denken, darüber reden» und überhaupt «so schnell wie möglich alles vergessen» wollen. Aber: Vermeidung ist nicht Verarbeitung.

Ziel:
das Blockieren des Verarbeitungsprozesses in der Vermeidung und Abspaltung verhindern

Maßnahmen:

1. Information:

- ist verständlich, hat aber möglicherweise Konsequenzen:
- Das Vermeidungsverhalten wird sich nicht verändern, ohne die Entscheidung, es aufzugeben.
- Es hat die Tendenz, sich auszuweiten und zu generalisieren.
- Es schränkt den Lebensraum und die eigenen Möglichkeiten ein.

2. vorsichtiges Deuten der Abwehr als verständliche Schutzfunktion oder als Selbstheilungsversuch

3. behutsame Annäherung an das Trauma bzw. Gewöhnung an den Stimulus

c) Angst

- in ihrem Ausmaß und ihrer tatsächlichen Bedeutung wahrnehmen
- akzeptieren; gleichzeitig aber (realitätsgerechte) Differenzierung zwischen Trauma-Situation «dann» und Situation «jetzt»

Ziel:
Reduktion von Intensität und Häufigkeit

Maßnahmen:
Techniken und Methoden zu Beruhigung, Entspannung, Angstmanagement

d) Scham und Schuld

Scham- und Schuldgefühle sind in irgendeiner Form immer Thema bei traumatisierten Menschen und sollten auch aktiv angesprochen werden. Fragt man Betroffene, ob sie sich irgendwie Vorwürfe machen, ist häufig eine Antwort wie: «Wäre ich … hätte ich doch nur … getan/nicht getan … dann wäre das nicht passiert…» zu hören. Das Verhalten, Schuld auf sich zu nehmen, hat zunächst auch Schutzfunktion und dient der Ohnmachtsabwehr durch die Vorstellung, «irgendwie» am Geschehen beteiligt gewesen zu sein, also Einfluss gehabt zu haben. Die Scham ist Folge der durch das Geschehen ausgelösten Diskrepanz zwischen Ich-Ideal und realem Selbstbild. Opfer schämen sich, sich der Macht unterworfen, sich zum Opfer gemacht haben zu lassen, sich nicht «besser» verhalten zu haben. Sie schämen sich, anderen nicht mehr geholfen oder überhaupt überlebt zu haben. Sie schämen sich, wenn die Beziehung zum Täter ambivalent ist, denn der Täter ist auch der Retter, in dessen Macht es steht, die Tortur zu beenden. Ambivalente Gefühle sind v. a. Bestandteil komplexer Beziehungen, z. B. im Fall von Entführungen sowie in Fällen häuslicher Gewalt oder von Kindsmissbrauch, und häufig finden die Opfer auch kein Verständnis in der Umgebung für die Ambivalenz ihrer Gefühle. Auch die «Identifikation mit dem Aggressor» kann ein Faktor sein, der zu Scham- und Schuldgefühlen beiträgt: Das Opfer hat eine Einstellung von Selbstentwertung und Selbstverurteilung zu sich selber, wie sie vom Täter induziert wurde, und oft braucht es eine lange Zeit, bis das Opfer in der Lage ist, die Scham- und Schuldgefühle als nicht ihm, sondern als eigentlich dem Täter zugehörig zu erkennen.

Ziel:
Relativierung/Realitätskontrolle

Maßnahmen:

- haben anfangs Schutzfunktion, evtl. entlastend umdeuten, aber nicht vorzeitig «wegnehmen», keine inhaltliche Bearbeitung
- später, in Phase der Konfrontation: deuten und verstehen. Realitätskontrolle

3. Unterstützung der Verarbeitung

Der natürliche Verlauf der inneren Verarbeitung eines Traumas verläuft in Pendetbewegungen zwischen den Polen von Wiedererleben des Geschehens und der inneren Vermeidung – mit abnehmender Intensität und Häufigkeit. Wenn dieser Prozess unbehindert ablaufen kann, kann das Trauma verarbeitet und integriert werden. Leider ist das aber häufig nicht der Fall, sei es durch die Vorgeschichte der Betroffenen, durch sekundäre Traumatisierungen oder durch die eigenen inneren Anstrengungen des Opfers, das Trauma zu verdrängen und abzuspalten. Therapeutisches Ziel ist das Fördern bzw. Aufrechterhalten dieses Prozesses bzw. zu verhindern, dass er in einem Pol (entweder hilflose Überflutung oder starre Vermeidung) blockiert bleibt.

5.1.3 Therapeutische Leitlinien und Sünden

Leitlinien:

- Akuttherapie ist «*Hier-und-Jetzt*»-*Therapie*. Es geht darum, das Opfer aus seiner Ohnmacht und Defensivität herauszuführen, und nicht z. B. um Deutungen eventueller psychodynamischer Verknüpfungen mit der Vergangenheit. Die Therapie ist an der Gegenwart und deren Bewältigung in Innen- und Außenwelt orientiert.

- Akuttherapie ist zunächst und primär *lösungsorientiert* und nicht fokussiert am traumatischen Geschehen.

- Sie *unterstützt aktiv Ressourcen* und Stärken des Betroffenen.

- Sie *unterstützt* die Fähigkeiten der *Wiederermächtigung* und der *Selbstkompetenz* des betroffenen Opfers.

- *Die therapeutische Grundhaltung ist engagiert und solidarisch.* Das strikte «Nein» zu möglichen Menschenrechtsverletzungen wird formuliert und die Verantwortlichen – falls es welche gibt – werden klar benannt.

- *Alle therapeutischen Überlegungen werden deutlich und transparent formuliert.*

- Dabei werden *Autonomie und Entscheidungsfreiheit des Betroffenen in jeder Weise gewahrt und unterstützt.*

- Eine individuell angemessene *Balance von Verständnis, Empathie, Aufnehmen- und Folgen-Können einerseits sowie klarer Strukturierung und Führung andrerseits* sollte speziell beachtet und gewahrt werden.

- *Formen der Abwehr sollten zunächst unterstützt* werden, um innere Überflutungen durch das Erlebte, denen das Ich noch nicht gewachsen wäre, zu vermeiden. Evtl. Abblocken durch Techniken, die eine Distanzierung vor überwältigenden Gefühlen ermöglichen. So auch anfangs keine Inhalte z. B. von Überflutungen oder Albträumen besprechen, sondern nur als Begleiterscheinung solch schlimmer und überwältigender Erfahrungen verständlich machen; inhaltliche Auseinandersetzung erst, wenn wieder eine gewisse Stabilität und Ich-Stärke vorhanden ist.

- *Die Komplexität der Krise reduzieren:* «Was ist jetzt vordringlich/wichtig?»

Sünden:

- *Gesprächshaltung von Abstinenz/Neutralität/moralischer Parteilosigkeit,* die sich retraumatisierend auswirken kann
- *regressionsfördernde Interventionen*
- *assoziative Verfahren* (z. B. verbale und/oder bildliche freie Assoziation im Zusammenhang mit dem Geschehenen)
- *zu frühe oder zu rasche Konfrontation mit Inhalten der Erfahrung*
- *therapeutische Konzepte «überstülpen»* (z. B.: «Als Erstes muss jetzt mal debrieft werden.»)

5.1.4 Die therapeutische Beziehung

Die therapeutische Beziehung, ohnehin wesentliche Grundlage jeder Psychotherapie und speziell vielleicht in der Traumatherapie, ist in der Begegnung mit traumatisierten Menschen eine Beziehung mit speziellen Merkmalen und kann nach zwei verschiedenen Aspekten unterschieden werden:

1. Die therapeutische Beziehung in der Traumatherapie
2. Die traumatische Übertragung bzw. Gegenübertragung

1. Die therapeutische Beziehung

Um eine tragfähige, vertrauensvolle Arbeitsbeziehung, einen Bund der Kooperation mit dem Klienten herstellen zu können, sollten einige Regeln oder Voraussetzungen berücksichtigt werden:

- Wichtig für die Betroffenen ist, seitens des Therapeuten Solidarität, Mitgefühl, ein Gefühl von aktiver Hilfe zu spüren.
- Der Therapeut tut alles, um das Gefühl der Sicherheit zu fördern. Jede Art von therapeutisch induziertem Stress wird vermieden. Dazu gehört sowohl Transparenz im therapeutischen Verhalten und Vorgehen als auch ausführliche Informationen zu Folgen von Traumatisierung, Natur und Dynamik traumatischer Reaktionen sowie über Sinn, Zweck und das jeweilige Vorgehen innerhalb der Therapie. Therapeutisch erreichbare, konkrete Ziele sollten gemeinsam erarbeitet werden.

- Zentral sind die Inhalte/Aufgaben der Persönlichkeitsstärkung und der Wiederermächtigung der Betroffenen. In diesem Sinne werden Regressionen in der Beziehung vermieden. Weder sollte kindlich-abhängiges Verhalten unterstützt, noch ein regressives Immer-Wiedererleben/Drehen im traumatischen Erleben gefördert werden, das ohne entsprechend stabile(re)n inneren Boden nur qualvoll ist und ohne hilfreiche Effekte.

- Der Therapeut kann, anders als in anderen Therapien, Vertrauen nicht so einfach voraussetzen. Ein Beispiel: *Frau M. kam zu mir in die Praxis, weil sie nach einem sexuellen Übergriff durch einen Arbeitskollegen an posttraumatischen Symptomen litt. Sie war in der Therapie sehr kooperativ, dennoch hatte ich den Eindruck, sie halte mit etwas hinter dem Berg und habe Angst. Nach einigen Sitzungen, als das entsprechende Vertrauen offensichtlich vorhanden war, brachte sie es dann ans Licht: Neben der kooperativen Seite von Frau M. gab es nämlich noch eine andere, die die ganze Zeit Angst hatte und davon überzeugt war, eigentlich wolle ich sie in die Psychiatrie bringen; deswegen hielt sie wichtige Informationen zurück.*

Dieser Aspekt führt uns zu häufig vorkommenden Merkmalen in der Beziehungsdynamik in Traumatherapien, indem Traumapatienten häufig eine typische Art der «Übertragung» entwickeln, d. h. ganz charakteristische Reaktionen auf den Therapeuten und die therapeutische Situation. Umgekehrt entwickeln Therapeuten häufig typische «Gegenübertragungsreaktionen», d. h. sie reagieren in charakteristischer Weise auf das Opfer und die traumatische Erfahrung.

2. Die traumatische Übertragung bzw. Gegenübertragung

a) Die traumatische Übertragung

Häufig vorkommende «Beziehungsangebote» des Klienten an den Therapeuten:

1. **Idealisierte Erwartungen** an den Therapeuten als Retter aus der Not, Heiler oder Wiedergutmacher. Gefahr der Regression und der (gegenseitigen) Abhängigkeit

2. **Misstrauen** bzgl. der Integrität und/oder Kompetenz des Therapeuten, seinen Absichten gegenüber oder seiner «Standfestigkeit» angesichts der vom Opfer erlittenen Erfahrung. *Herr J. war vor sechs Wochen Opfer eines Raubüberfalls geworden, bei dem der unbekannte Täter ihn auch zu töten versucht hatte. Er lehnte zunächst eine psychologische Behandlung ab, aber als die massiven Symptome, v. a. flashback-Erlebnisse mit Panikzuständen, sich nicht besserten, entschloss er sich doch, es damit zu probieren. In meiner Praxis dann war er sehr zurückhaltend mit Informationen, um mir schnell zu erklären, dass er eigentlich von «psychologischem Kram» nichts halte und Zweifel habe, ob das wirklich funktioniere. Ich spürte viel Angst, Vorbehalte, Misstrauen, Abwehr. Gleichzeitig aber eine große Verzweiflung und den starken Wunsch, möglicherweise doch am «richtigen Ort» zu sein. Im Verlauf der Stunde stellte sich heraus, dass Herr J. aus biografischen Gründen ein generelles Vertrauensproblem mit (unvertrauten) Menschen hatte, massiv verstärkt jedoch seit dem traumatischen Ereignis.*

3. **Enttäuschung und Wut:** Wenn z. B. idealisierte Erwartungen enttäuscht werden oder der Therapeut aus anderen Gründen in den Augen des Betroffenen als «Bündnispartner» versagt, kann das bei traumatisierten Menschen starke Gefühle von Enttäuschung und Wut hervorrufen. *Frau S. ist eine junge, alleinstehende Mutter, und sie ist akut und sehr schwer traumatisiert, denn ihr acht Wochen altes Baby starb den plötzlichen Kindstod. Ihre sozialen Bedingungen sind schlecht, ihr geht es sehr schlecht, und sie steht mit ihrer Not auch ziemlich allein und hat kaum soziale Unterstützung. In der Anfangsphase der Behandlung – ein Treffen in der Praxis war wieder für den nächsten Morgen verabredet – ruft sie eines mittags bei mir an, kann mich aber weder in der Praxis noch privat erreichen. Sie hinterlässt auf beiden Anrufbeantwortern die Nachricht und Bitte, sie dringend zurückzurufen. Als ich es jedoch tue, geht sie bis zum Abend nicht ans Telefon. Ihre Enttäuschung und ihr Zorn über meine «Unerreichbarkeit» waren so groß, so stellte sich heraus, dass sie wollte, dass ich mir Sorgen um sie machen sollte, und darum das Telefon nicht abnahm.*

b) Die traumatische Gegenübertragung

Die Gefühle des Therapeuten für und seine Reaktionen auf das Opfer und dessen traumatische Erfahrung können für die Therapie Hindernis oder Hilfe im Sinne des Verstehens und der Begleitung der inneren Prozesse der Betroffenen sein. Ein Hindernis sind sie meist dann, wenn diese Reaktionen dem Therapeuten unbewusst oder unhandhabbar bleiben. Typische «Beziehungsangebote» des Therapeuten an den Klienten sind dabei:

1. **Überidentifikation** in Form von Überengagement und Überschreitung der therapeutischen Grenzen (z. B. Stunden überziehen, grundsätzlich «jederzeit erreichbar» sein, aufgabenfremde Tätigkeiten für den Betroffenen übernehmen usw.); die Helfer verfallen in Retter- und Grandiositätsvorstellungen und reagieren damit vielleicht unbewusst auf ein entsprechendes Beziehungsangebot des betroffenen Klienten, was aber auf beiden Seiten zu erhöhter Abhängigkeit und großer Enttäuschungsanfälligkeit führt.
Überidentifikation ist aber auch in ganz gegenteiliger Form möglich und äußert sich dann in Gefühlen von Ohnmacht und Resignation, von Hilf- und Hoffnungslosigkeit, in denen der Wert der eigenen Kenntnisse und Fähigkeiten oder die Stärken und Möglichkeiten des Betroffenen unterschätzt werden.

2. **Bewusste oder unbewusste Vermeidung, übertriebene emotionale Distanz, Abwehr.** Die Betroffenen können kein wirkliches Vertrauen entwickeln und fühlen sich alleingelassen. *Frau S., deren kleine Tochter Opfer eines Gewaltverbrechens wurde, war vor ihrer jetzigen Behandlung schon einige Zeit bei einem anderen Psychotherapeuten zur Betreuung gewesen. Der Therapeut wies Frau S. dann weiter, weil er «keine Fortschritte» sah und eine traumaspezifische Behandlung für angezeigt hielt. Frau S. erzählte: «Wissen Sie, Herr X. (der Therapeut) war sehr nett. Ich hatte aber immer das Gefühl, ich solle besser nicht so sehr weinen und dass er nicht wirklich hören wollte, was passiert ist. Einfach wegen der Reaktionen, obwohl er nie so etwas gesagt hat. Also habe ich mich bemüht, mehr über anderes zu sprechen.»*

5.1.5 Checkliste für das Erstgespräch
(ca. 90 Minuten Zeit nehmen)

Vorher: Genaue Auftragsdefinition und schon möglichst viel anamnestische Daten einholen

Äußere Sicherheit?

Körperlicher Zustand?

Aktuelle psychische Symptomatik
Wiedererleben?
Vermeidung?
Übererregung?
Dissoziative Phänomene?

Häufigkeit und Normalität der Symptome betonen

Was ist (sonst) anders als vor dem Vorfall?
Selbstkonzepte/Einstellungen zu sich selber?
Beziehungen?

Begleitende (prä-traumatische) Probleme?

Medikamente, Alkohol o. a. als Bewältigungsstrategie?
Selbstgefährdung?

Traumatisches Erlebnis (wenn angebracht)
Was ist geschehen?
Wie ist es weitergegangen?

Verbindungen zu wichtigen Geschehnissen in der Vergangenheit?

Ressourcen aktivieren/verstärken
Psychosoziale
Intrapsychische

Umgang mit Symptomen/Methoden

Zeit bis zur nächsten Sitzung gemeinsam anschauen/strukturieren

Ev. Frage einer (vorübergehenden) Medikation

Beurteilung (für Indikationsstellung)
Akute Belastungsstörung?
PTBS?
Komorbide Phänomene (z. B. Substanzmissbrauch, Depression, somatoforme Störungen)?
Risikoperson?

5.2 Techniken und Methoden

Die Techniken zur Angstbewältigung bzw. Dosierungs- und Distanzierungstechniken sind häufig **körperliche Entspannungsmethoden oder Atemtechniken** (z. B. die Progressive Muskelentspannung nach Jacobsen oder das Autogene Training), oder visuelle Verfahren, z. B. die geleitete Imagination eines «Sicheren Ortes».

Para- bzw. nonverbale Methoden wie Malen, körpertherapeutische Interventionen oder imaginative Techniken sind in der Traumatherapie häufig von spezieller Bedeutung, da die Erfahrung, die die Betroffenen durchleben mussten, eigentlich und vor allem akut, jenseits der sprachlichen Formulierbarkeit liegt. Solche Methoden können Gegenwelten, Gegenbilder, Gegenerfahrungen zu den «schrecklichen Bildern» und der Erfahrung der Ohnmacht schaffen, neue Quellen der Kraft und Heilung erschließen und den «inneren Boden» stärken.

Wiederkehrende Albträume können im «**dream rehearsal**» bearbeitet werden. Dabei wird zunächst der Traum aufgeschrieben und dann schriftlich in jeder gewünschten Weise verändert. Die geänderte Version wird dann in der Vorstellung im Entspannungszustand mehrfach wiederholt. Intensität und Häufigkeit der Träume können so reduziert werden.

In der «**Zukunftsprojektion**» wird der Betroffene aufgefordert, sich vorzustellen, wie er in fünf oder zehn Jahren sein wird, und aus dieser Perspektive dann zurückzuschauen auf heute. Dies kann ein Teil der «Hoffnungs-Arbeit» sein, die ebenfalls wichtiger Bestandteil der Traumatherapie ist, indem sie «ein Licht am Ende des Tunnels» aufzeigt, wie Frau K. es formulierte, die von ihrem Mann wiederholt körperlich misshandelt worden war. In der «Zukunftsprojektion» sah sie sich in fünf Jahren, getrennt von ihrem Mann, wieder einen Beruf ausübend, in einer eigenen kleinen Wohnung, ungläubig auf ihr Leben vor fünf Jahren zurückblicken. Diese Vorstellung war Bestandteil der Kraft, eine Trennung einzuleiten.

Im Folgenden möchte ich ausführlicher drei Verfahren vorstellen, die im Zusammenhang mit der Verarbeitung und Bewältigung von Traumata sehr bekannt sind und v. a. in der Trauma-Akuttherapie häufig eingesetzt werden:

1. das «Debriefing»

2. EMDR

3. die Dissoziative Konfrontation.

5.2.1 Debriefing

Diese Technik zur Verarbeitung belastender Erfahrungen wurde ursprünglich in den USA für Gruppen entwickelt, und zwar solche von Opfern, aber auch Gruppen von Helfern, z. B. bei Katastrophen. Sie kann aber auch in der Einzelbehandlung Betroffener Wertvolles leisten.

Sie sollte erst nach einer gewissen Phase der körperlichen Regeneration und der psychischen Stabilisierung eingesetzt werden, d. h. nicht früher als 24 bis 72 Stunden nach dem Ereignis. Sie verlangt eine klare, entschiedene, auch geschulte Führung.

Debriefing ist ein erster Schritt der Verarbeitung des Erlebten, indem die Lücken der Erinnerung geschlossen und die Fragmente zusammengefügt werden. Traumatische Erinnerungen sind immer bruchstückhaft, auch dissoziiert, und diese Fragmentierung muss aufgelöst werden, um das Trauma integrieren zu können. Dies geschieht hier durch eine Konfrontation mit dem traumatischen Geschehen unter strukturierten und kontrollierten Bedingungen.

a) Vor dem eigentlichen Debriefing findet eine *diagnostische Vorauswahl* statt, denn Debriefing ist nicht in jedem Fall geeignet, z. B. nie bei Personen mit ausgeprägt dissoziativen oder gar wahnhaften Erstreaktionen.

b) Das Debriefing im engeren Sinne besteht dann aus zwei Teilen:

1. *Information:* Diese betrifft zunächst Zweck und Struktur des Debriefing und auch der Gruppe und dann die Information über Belastungsreaktionen und deren Normalität.

2. *Konfrontation:* Diese besteht im Erzählen der Geschichte entsprechend dem chronologischen Verlauf des Geschehens von dem Zeitpunkt an, wo man sich noch sicher fühlte, z. B. am Morgen des Geschehens, bis zum Zeitpunkt hier und jetzt, bzw. an dem man wieder in Sicherheit war. Die Schilderung sollte so detailliert wie möglich sein und beinhaltet eine vollständige Rekonstruktion auf allen Sinneskanälen: Was wurde zu jedem Zeitpunkt gesehen, gehört, gerochen, getastet, getan?

Auf der kognitiven Ebene werden dann die Gedanken und Überzeugungen formuliert, die während des Ereignisses auftauchten. Es gibt verschiedene Debriefing-Methoden, und häufig wird als nächster Schritt sofort auch die emotionale Ebene durch Konfrontation bearbeitet: «Was haben Sie in diesem Moment gefühlt?» Das ist manchmal möglich und sinnvoll, jedoch vorsichtig zu handhaben, weil u. U. kontraproduktiv im jetzigen Zeitpunkt – mehr dazu bei den kritischen Anmerkungen.

c) Zum Debriefing gehört dann anschließend auch die *Nachsorge*, wie z. B. die Aktivierung von familiären und individuellen Ressourcen und die individuelle Bedürfnisklärung auf praktischer, körperlicher und emotionaler Ebene.

Eines der eindrücklichsten Einzel-Debriefings in meiner Praxis war jenes mit Frau B. *Ihre traumatische Erfahrung war die eines schweren, lang andauernden, bewaffneten Raubüberfalls, dessen Opfer sie als Au-pair-Mädchen in den USA wurde. Dieses Erlebnis lag, als sie zu mir in die Praxis kam, 26(!) Jahre zurück, hatte aber, unverarbeitet, ihr ganzes weiteres Leben in vielfacher Weise geprägt und bestimmt. Frau B. hatte in all diesen Jahren niemals mit jemandem über das Erlebte gesprochen, allenfalls andeutungsweise. Anfangs wollte sie auch in der Therapie nicht «darüber» sprechen, aber irgendwann fasste sie Mut zu einem Debriefing. Ihre körperlichen und emotionalen Reaktionen dabei waren z. T. so, als habe das Ereignis nicht vor 26 Jahren, sondern erst vor einigen Tagen stattgefunden. Erstaunlich war auch die Wirkung: Frau B. fühlte sich «wie befreit» und etliche Symptome (z. B. nicht alleine in den Keller gehen können) waren in der Folge «wie von selber» aufgelöst.*

Nachdem das Debriefing lange Zeit als «die» Methode in der akuten Traumabearbeitung gegolten hat, sind in letzter Zeit vermehrt auch kritische und warnende Stimmen dazu zu hören. Dies nicht im Sinne der Wirksamkeit, denn wirksam ist es offensichtlich – unter gewissen Umständen aber leider auch in Richtung einer Verschlechterung der Symptome. Dies kommt anscheinend v. a. dann vor, wenn bestimmte Voraussetzungen oder Rahmenbedingungen nicht (ausreichend) berücksichtigt werden, wie z. B.:

- ein Debriefing nicht *zu früh* nach dem Ereignis einsetzen, sondern erst dann, wenn eine gewisse *innere Stabilisierung* der Betroffenen wieder vorhanden ist

- Es bedarf einer sorgfältigen *Vorauswahl der Gruppenteilnehmer*.
- Es sollte *keinesfalls aufgedrängt* werden.
- gegebenenfalls die kognitive und die emotionale Konfrontation zeitlich trennen
- Es ist auf eine angemessene individuelle Begleit- und Nachbetreuung zu achten. So hat es Fälle gegeben, wo Gruppen nach der traumatischen Erfahrung – mitsamt der emotionalen Konfrontation debrieft – und dann ohne weitere Nachbetreuung nach Hause geschickt wurden. Die Verantwortlichen wunderten sich dann bei Rückfragen nach einigen Monaten, dass ein Teil der Symptomatik sich seitdem sogar massiv verschlechtert hatte…

5.2.2 EMDR

Die von Francine Shapiro entwickelte Kurztherapie EMDR *(Eye Movement Desensitization and Reprocessing)* wird besonders für die Therapie von Trauma-Opfern empfohlen und soll den natürlichen Verarbeitungsprozess nach einer traumatischen Erfahrung wieder in Gang bringen. Es ist ein therapeutischer Zugang, der sich nicht ausschließlich und auch nicht primär auf die Sprache bezieht. Seine größten Effekte scheint es bei Gedankenintrusionen und Vermeidungsverhalten zu erzielen. EMDR besteht aus verhaltenspsychologischen, kognitiven, psychodynamischen und systemischen Elementen.

EMDR ist eine komplexe Methode, für deren Anwendung eine *spezielle Ausbildung* nötig ist.

Eine EMDR-Behandlungssequenz umfasst acht Phasen und nutzt geleitete, rhythmische Augenbewegungen oder andere, z. B. taktile, Methoden der Rechts-Links-Stimulation.

Die neurologische Arbeitshypothese, die hinter der Methode steht, ist, dass die Information über die traumatische Erfahrung wie «eingefroren» isoliert und unbewusst wirksam im Nervensystem bestehen bleibt.

Dies betrifft die dabei erlebten Körperempfindungen, Sinneseindrücke, Gefühle, Gedanken und Überzeugungen. Dieses neuronale Netzwerk bleibt, unverarbeitet, isoliert vom Rest der Erfahrung bestehen, und es bleibt auch in der ursprünglichen Form unbewusst bestehen. Es wird so durch spezifische Auslöser (immer wieder) reaktiviert. Die stereotaktischen (Augen-) Bewegungen, so die Hypothese, scheinen den Zugang zu den neuronalen Netzwerken zu öffnen und den Fluss der inneren Informationsverarbeitung und -bewältigung in Gang zu bringen.

Herr S. kam zu mir in die Praxis, weil er den plötzlichen Unfalltod seiner 23-jährigen Schwester, der zu diesem Zeitpunkt mehrere Wochen zurücklag, nicht verkraften konnte, und unter gleichbleibend starken posttraumatischen Symptomen litt. Nach der vorbereitenden Phase der Behandlungsplanung und der inneren Etablierung eines «Sicheren Ortes», wurde Herr S. nach dem Bild gefragt, das für ihn den schlimmsten/am stärksten belastenden Teil der Erinnerung darstellt. Dies war für ihn das Bild, in dem er selbst in einer Telefonkabine irgendwo in Asien steht – er war zum Zeitpunkt des Todes der Schwester auf einer Weltreise – und seine Mutter ihm am Telefon mitteilt: «A. ist gestorben.» Anschließend schätzte Herr S. den Grad seiner aktuellen Belastung durch die Erfahrung auf einer Skala von 0 bis 10, bei 8 ein. Seine Überzeugung von sich selbst dabei war die, dass er der Schwester und auch der Mutter gegenüber versagt habe. Vom «schlimmsten Bild» ausgehend wurden dann die Augenbewegungs-Serien durchgeführt. Herr S. erlebte dabei anfangs, deutlich spür- und sichtbar, sehr heftige Gefühle von Hilflosigkeit und Wut, er spürte auch starke und unangenehme körperliche Sensationen, «wie gelähmt» (v. a. Beine und Hände), «der Boden unter den Füssen weg», «bewegungsunfähig». Im Verlaufe der Augenbewegungs-Serien wandelten sich die heftigen Gefühle etappenweise zu einer gelasseneren Akzeptanz des Geschehenen und seiner eigenen Person, und die körperlichen Reaktionen wurden zu einem «unangenehmen Kribbeln», das schwächer wurde, bis es sich schließlich ganz auflöste. Dieser Prozess lief autonom und ohne Induktionen der Therapeutin ab, die nur begleitend und unterstützend tätig war. Die Therapie von Herrn S. umfasste insgesamt vier Doppelstunden, wobei Herr S. am Ende den Grad seiner Belastung bei 1 einschätzen konnte, da die Belastungssymptome abgeklungen waren.

EMDR ist eine gut untersuchte Methode im Trauma-Bereich und kann offensichtlich beachtliche Erfolge vorweisen. Andrerseits gibt es auch Berichte von Therapeuten, die damit keinen oder gar Negativ-»Erfolge» haben. Es gibt wissenschaftliche Studien, die für eine positive Wirkung der Methode sprechen, es gibt Studien, die davor warnen, und in letzter Zeit auch Studien, die darauf hinweisen, dass es keinen Unterschied zu machen scheint, ob die EMDR-Protokolle mit oder ohne Augenbewegungen durchgegangen werden und dass die Wirksamkeit ganz anderen Faktoren zuzuschreiben sei … Es scheint wichtig, dass der Therapeut von der Methode überzeugt ist, autonome intrapsychische Prozesse des Klienten, die u. U. sehr schnell ablaufen, «lediglich» zu begleiten und zu unterstützen, und das «liegt» nicht jedem Therapeuten. Auch der direkte Einbezug der körperlichen Ebene und der physischen Sensationen ist nicht jedem gleich sympathisch und vertraut. Darüber hinaus scheint es aber noch andere Variablen zu geben, die einen Einfluss auf den Behandlungserfolg haben. So scheint sich der Einsatz von EMDR z. B. bei einzelnen «überschaubaren» Traumata besser zu bewähren als bei komplexeren Formen der Traumatisierung wie kumulativen und/oder Langzeittraumata. Alles in allem gibt es bezüglich EMDR derzeit sowohl überzeugte Befürworter wie auch kritische Stimmen und viele offene Fragen.

5.2.3 Dissoziative Konfrontation

Dieses visuelle Verfahren, auch geführte Dissoziation genannt, stammt ursprünglich aus der Systemtherapie und wird in der Traumatherapie v. a. bei Angstzuständen und starken flashback-Erlebnissen eingesetzt.

Dabei stellt sich der Klient zunächst eine Situation vor, in der es ihm wirklich gut gegangen ist und er sich besonders wohl und stark gefühlt hat. Er wird gebeten, sich diese Situation ganz detailliert vorzustellen. Am Höhepunkt seines Wohlbefindens wird dieses Gefühl «geankert», indem der Therapeut den Klienten für ca. fünf Sekunden am Arm oder oberhalb des Handgelenks fasst. In der Zeit bis zur nächsten Sitzung sollte er diesen Griff in Situationen des «Unwohl-Seins» bei sich selbst anwenden. Mit dieser kleinen Übung beginnt dann auch die nächste Sitzung, gefolgt von der Instruktion: *«Bitte stellen Sie sich einen Fernseh-Bildschirm vor. Dort sehen Sie ein Bild, nämlich uns beide von hinten gefilmt. Können Sie das sehen?... In diesem Bildschirm ist ein zweiter, kleinerer Bildschirm und darin noch einer und darin wieder einer usw., alle mit demselben Bild. Wie viele Bildschirme sehen Sie?...* [Die Bandbreite reicht dabei aus meiner Erfahrung von 2 bis 15 Bildschirmen]. *Ganz hinten ist ein kleiner Bildschirm, der ist noch ausgeschaltet. Auf diesem Bildschirm sehen Sie nachher, in schwarz-weiß und ohne Ton, noch einmal das ganze Ereignis ablaufen wie einen Film, und zwar bis zu dem Zeitpunkt, wo Sie sich wieder sicher gefühlt haben/bis es wieder o. k. war. Sie können, müssen aber nicht schildern, was Sie sehen. Wenn Sie schildern, was Sie sehen, dann tun Sie das bitte in der 3. Person (z. B. nicht «ich gehe...» sondern «er geht...»).»*

Während der ganzen nun folgenden Konfrontation «ankert» der Therapeut den Klienten mit dem Griff an Arm oder Handgelenk. Er beobachtet sorgfältig Atem und Augenbewegungen des Klienten, erstens, um zu sehen, ob der

Prozess der visuellen Konfrontation auch tatsächlich abläuft und der Klient überhaupt etwas «sieht» oder z. B. in eine «Trance» verfällt, zweitens aber auch, um eventuelle innere Überflutungen, evtl. durch die Technik des Gedankenstopps beizeiten abblocken zu können. Es kann auch einfach zurück zum Ausgangsbild «geschaltet» werden.

Dann beginnt die eigentliche Konfrontation: *«Können Sie sich den ersten Bildschirm vorstellen?*

Neben diesem Bildschirm sehen Sie jetzt sich selber und zwar so, wie Sie in der Situation waren, die Sie sich vorhin vorgestellt haben, als es Ihnen so gut gegangen ist « ... Nun gehen Sie zum letzten, kleinen Bildschirm. Dieser wird jetzt eingeschaltet, und der Film läuft ab.»

Nachdem dies geschehen ist, wird der Klient aufgefordert, denselben Film rückwärts zu sehen bzw. laufen zu lassen.

Das geschieht je dreimal vor und zurück, das letzte Mal dann im «Schnelllauf». Später wird das Ganze dann mit Ton wiederholt.

Herr M. ist Polier. Auf seiner Baustelle musste er miterleben, wie sein neben ihm stehender Kollege von einer von einem Kran herabfallenden Eisenstange tödlich getroffen wurde. Er selber blieb körperlich unverletzt. In der Folge dieses Erlebnisses konnte Herr M. nicht mehr Auto fahren, kaum schlafen, hatte starke Angstzustände und Panikattacken und konnte auch nicht mehr zur Arbeit auf die Baustelle gehen. Er schämte sich sehr wegen dieser anhaltenden Symptome und darüber, sie nicht kontrollieren zu können. Das Ereignis lag 14 Tage zurück. Im Erstgespräch stellte sich heraus, dass Herr M. vor 15 Jahren eine fast identische Erfahrung machen musste. Damals verunglückte nämlich sein jüngerer Bruder ebenfalls tödlich auf einer Baustelle. Dieses unverarbeitete Erlebnis wurde durch den Tod des Kollegen reaktiviert und trug auch seinen Teil zu den starken Belastungssymptomen bei.

Die erste geführte Dissoziation betraf das jüngste Ereignis. Herr M. ließ den gesamten «Film» des Ereignisses in der Imagination ablaufen. Als er so wiedererlebt, wie sich die Eisenstange löst, «wie in Zeitlupe» herabfällt und er einfach nur, wie erstarrt, dastehen und zusehen kann, wiederholen sich deutlich starke körperliche Symptome (Zittern, Schweißausbruch, schnelle, flache Atmung) und auch die Reaktionen von absoluter Fassungs- und Hilflosigkeit werden reaktiviert. All diese Reaktionen ließen in der Wiederholung deutlich nach. Nach dieser Stunde konnte Herr M. besser schlafen, begrenzt auch wieder Auto fahren und auch wieder auf die Baustelle gehen, auch wenn das noch z. T. schwierig und mit belastenden Gefühlen verbunden war. Die nächste dissoziative Konfrontation galt dann dem Tod des Bruders. Herr M. musste damals «für die Familie stark» sein (es gab keinen Vater mehr, nur Mutter und Schwester) und konnte sich die eigene Trauer und Zeit der Verarbeitung des Geschehenen nicht gönnen. Diese geführte Dissoziation war nicht von denselben starken Belastungssymptomen begleitet, setzte aber lang erstarrte Tränen frei und ermöglichte den Trauerprozess, der bis anhin nicht hatte stattfinden können. Dies empfand Herr M. als sehr wohltuend und befreiend. Nach dieser zweiten Konfrontation klangen auch die restlichen Belastungssymptome ab. Starke Schuldgefühle, z. B. überlebt zu haben, wurden noch besprochen und bearbeitet, so dass die Therapie von Herrn M. insgesamt fünf Sitzungen umfasste.

Eine empfehlenswerte Methode, in erster Linie für die Bearbeitung einzelner, in sich abgeschlossener traumatischer Ereignisse, falls die Voraussetzungen stimmen:

- Indikation sorgfältig prüfen; die Methode eignet sich z. B. nicht bei starker Vermeidung oder Dissoziation.
- Der Klient sollte eine gewisse visuelle Neigung und Begabung und eine gewisse «Grundstabilität» mitbringen.
- Es muss möglich/erlaubt sein, ihn körperlich zu berühren.

5.2.4 Diagnosesysteme und psychometrische Verfahren

Der Einsatz dieser Hilfsmittel zum Zweck einer vertiefteren Informationsgewinnung kann aus verschiedenen Gründen sinnvoll sein:

- Eventuelle eigene «blinde Flecken», z. B. das Vergessen von Fragen nach bestimmten Symptomen oder Problematiken, werden vermieden.
- Klassifikationssysteme und psychometrische Verfahren ermöglichen einen objektiven Vergleich und eine eindeutige Kommunikation und sind nützlich, um Veränderungen deutlich feststellen zu können.
  Natürlich sollten solche Verfahren nicht schon im Erstkontakt, aber vielleicht nach der zweiten oder dritten Sitzung und dann noch einmal zum Abschluss der Therapie, als Ergebnisdiagnostik, eingesetzt werden.

1. Diagnosesysteme

DSM III (1980, dt. 87, APA): Realtraumata werden als Ursache psychiatrischer und psychosomatischer Erkrankungen anerkannt – erstmaliges Auftreten der Diagnose *Posttraumatische Belastungsstörung (PTBS)*. Kriterien sind Symptome der Intrusion, Vermeidung und Übererregung, noch relativ unspezifisch.

DSM III R (1989): differenziert Erscheinungsformen von Intrusion, Vermeidung, Übererregung. Neu wird die Diagnose der *verzögerten PTBS* (Beginn mind. sechs Monate nach dem Ereignis) eingeführt.

DSM IV (1994): Differenziert wird nun zwischen der *akuten Belastungsstörung* (Beginn: unmittelbar bis vier Wochen nach Ereignis; Dauer: mind. zwei Tage, aber weniger als ein Monat + Auftreten dissoziativer Reaktionen), *PTBS* (ein bis drei Monate nach Ereignis) und *chronischer PTBS* (mehr als drei Monate nach dem Ereignis).
Im DSM wird die PTBS unter den Angststörungen klassifiziert.

ICD 10 (1991, WHO): Unterschieden wird zwischen *akuter Belastungsreaktion* und *PTBS*. Berücksichtigt aber auch *andauernde Persönlichkeitsänderungen nach Extrembelastung*, die im DSM IV (noch) als diagnostische Möglichkeit fehlt.
Die Störung wird unter den Belastungs- und Anpassungsstörungen geführt.

ICDL (1995): Internationale Diagnose Checklisten für ICD 10. Sie dienen der Erfassung von möglichen Persönlichkeitsstörungen sowie komorbider Störungen (Sucht, Depression) nach Extrembelastung durch Leit- und Detailfragen zu den einzelnen Störungskategorien.

Viktimisierungssyndrom (1988/dt. 1993, F. Ochberg): Symptomliste mit spezieller Relevanz für psychische Auswirkungen sozialer Gewalterfahrungen. Diagnostische Subkategorie zur PTBS mit drei Kriterien und zehn Symptomen.

2. Psychometrische Verfahren

DES (Dissociative Experience Scale), **(1986, Bernstein u. Putnam):** Dieser Selbstbeurteilungs-Fragebogen umfasst in 44 Items Fragen zu Art und Häufigkeit dissoziativer Erfahrungen. Er wurde 1998 ins Deutsche übersetzt (FDS-Fragebogen zu Dissoziativen Symptomen, **1998, H. J. Freyberger et al.**) und um eine Skala zu Konversionssymptomen erweitert.

IES-Skala (Impact of Event Scale), **(1979/dt. 1997, M. Horowitz)**: Erfasst Ausmaß und Verlauf der Beeinträchtigung durch ein traumatisches Ereignis, insbesondere die Symptome der Gedanken-Intrusion und des Vermeidungsverhaltens. Nicht für formale DSM IV-Diagnose geeignet, da die Items nicht mit den Kriterien des Manuals übereinstimmen.

Viktimisierungssyndrom (1988/dt. 1993, F. Ochberg): Diagnostische Subkategorie zu PTBS, die bestimmte Persönlichkeitsveränderungen nach Gewalterfahrungen beschreibt und erfasst.

5.3 Therapie bei Kindern

1. Ausgangsfragen:
- Schocktrauma oder langandauerndes Entwicklungs-/Beziehungstrauma? Mischform? (ergeben verschiedene Reaktionen und Langzeitfolgen)
- Welche Entwicklungslinien, -abschnitte wurden beeinträchtigt?
- Welche Themen und Entwicklungsaufgaben sind tangiert?
- Welche protektiven Faktoren, d. h. inneren, familiären, sozialen Ressourcen können aktiviert oder entwickelt werden?

2. Aufgaben:
- sichere Umgebung schaffen; ein helfendes, tragfähiges Umfeld aufbauen; eine vertrauensvolle, stabile therapeutische Beziehung herstellen
- innere und äußere Ressourcen aktivieren
- Möglichkeiten des Selbstschutzes verbessern (z. B. Fähigkeit zur Abgrenzung)
- Vergrößerung des Entscheidungsspielraums herstellen/ermöglichen
- Fixierung eines Entwicklungsstillstandes/Entwicklungsrückschrittes verhindern, so dass …
- … eine weitere phasengerechte Entwicklung möglich wird

3. Methoden und Techniken:

- kreative Therapien: Malen, Puppen- oder Sandkastenspiele
- körpertherapeutische Ansätze, Tanz- und Bewegungstherapie
- «(post-) traumatisches Spiel»: Kontrolliertes, (selbst-) dosiertes Noch-einmal-Durchspielen/-Durchleben der traumatischen Erfahrung, wobei in der Fantasie nach (anderen) Auswegen gesucht wird
- Ängste externalisieren: z. B. als Monster zeichnen, in einer Schachtel verschnüren, nachts verstecken
- innere Distanzierung: Das Lieblingskuscheltier oder ein anderes «Hilfs-Ich-Objekt» erzählt von der traumatischen Erfahrung, den Ängsten usw.

5.4 Kriterien der Verarbeitung eines Traumas

Was die relevanten Faktoren der Genesung und einer möglichen Integration des Traumas betrifft, bleiben offene Fragen. Warum überwindet die eine Person, mit allen Verletzungen und seelischen Narben, das Trauma und kann in die Zukunft blicken, während eine andere Gefangene ihrer traumatischen Vergangenheit bleibt? Einige Faktoren, die sicher einen Einfluss haben, sind bekannt:

- War das traumatische Geschehen einmalig, oder handelt es sich um ein Langzeittrauma?
- Ist, wie bei Kindern, die gesamte Identitätsbildung betroffen?
- Welche Selbst- und Beziehungserfahrungen wurden vorher gemacht?
- Wurden frühere belastende Erfahrungen oder Traumata erfolgreich bewältigt?
- Wie stark trägt die familiäre Umgebung und das soziale Netz?
- Wie groß ist die Unterstützung durch die Gesellschaft?

Solche Fragen geben Anhaltspunkte. Als besonders zentral für eine größere psychisch-physische Überlebensfähigkeit und die Verarbeitung des traumatischen Leidens hat sich aber die Frage erwiesen, ob der Betroffene diesem Leiden Bedeutung und Sinn für seinen persönlichen Lebenszusammenhang geben kann. Dabei geht es nicht um den «Sinn» des traumatischen Geschehens, denn dieses bleibt objektiv grausam und sinnlos, aber die Erfahrung ist nicht identisch mit der Bedeutung, die man ihr gibt. Bedeutung kann darin liegen, im Trauma einen persönlichen Sinn zu erkennen, indem der posttraumatisch Leidende z. B. an Stärke, Kompetenz oder Reife gewonnen oder aber ein Bewusstsein von der politischen, religiösen oder gesellschaftlichen Dimension seines Schicksals entwickelt hat, aus dem heraus viele Opfer von Traumatisierung dann auch gesellschaftlich aktiv werden. Zur Möglichkeit einer Genesung tragen also viele komplexe Faktoren bei, die wir nicht alle kennen. Die Kriterien der Verarbeitung eines Traumas dagegen sind eindeutiger. Ein Trauma gilt als verarbeitet, wenn der Betroffene das Geschehene als Teil seiner Lebensgeschichte und den verletzten Teil als zu sich gehörig akzeptiert und integriert hat. Seine Energie ist nicht mehr im Trauma gebunden, sondern frei für eine «Wiederanknüpfung» an das «normale» Leben und für eine Neuorientierung in Gegenwart und Zukunft.

Die Psychologin Mary Harvey formuliert in J. L. Hermans Buch «Die Narben der Gewalt» **sieben Kriterien der Genesung** nach einer traumatischen Erfahrung:

1. Alle physiologischen Symptome halten sich in überschaubaren Grenzen.
2. Der Betroffene kann die Gefühle ertragen, die mit der traumatischen Erinnerung verbunden sind, ohne sie auszuschalten oder davon überwältigt zu werden.
3. Er kann die Geschichte des Traumas zusammenhängend erzählen.
4. Er hat die Erinnerungen unter Kontrolle.
5. Sein beschädigtes Selbstwertgefühl ist wiederhergestellt.
6. Er hat alle wichtigen Beziehungen wieder aufgenommen.
7. Das Trauma kann in ein neu aufgebautes, eigenes Wertsystem integriert werden.

In diesen Zusammenhang gehört neben der Frage nach dem persönlichen Sinn auch jene nach der Einstellung des Betroffenen zur traumatischen Erfahrung bzw. nach dem Platz, den sie im Leben zugewiesen bekommt: Kann der Betroffene von einer Identität als Opfer zu einem Selbstverständnis als «Überlebender» finden?

6. Die Traumatisierung der Helfer

Das Leben von Menschen, die andauernd in extrem belastenden Situationen und mit Opfern von Traumatisierung zu tun haben, verändert sich, manchmal fast unmerklich und manchmal sehr plötzlich und deutlich. Wiederholte starke Stress- und Belastungserfahrungen und die häufige Zeugenschaft von Leid, Grausamkeit, Verletzung, Tod und Zerstörung bringen persönliche Krisen und Grenzerfahrungen mit sich, die nicht einfach «in den Kleidern hängen bleiben», sondern die inneren und zwischenmenschlichen Erfahrungen der Helfer, ihr Leben, ihre Weltsicht und ihre Persönlichkeit verändern.

Es können sich emotionale und gesundheitliche Folgeprobleme entwickeln wie akute oder chronische Belastungsstörungen oder ein Burn-out-Syndrom oder andere psychische und/oder somatische Langzeitfolgen.

Befragt man Helfer traumatisierter Menschen, ob sie, seit sie auf diesem Gebiet tätig sind, irgendwelche Veränderungen in ihrem Leben feststellen können, so hört man – nachdem erstaunlich viele überrascht von dieser Frage sind – im Allgemeinen Zustimmung, gefolgt von einem ganzen Katalog psychischer und gesundheitlicher Folgeerscheinungen.

Gesundheitlich sind das z. B. Klagen über Kopfschmerzen, Rückenschmerzen, Schlafstörungen, Magenprobleme und Erschöpfungszustände. Seelisch dominieren das Gefühl psychischer Überlastung, Demotivation, Unlustgefühle, Antriebslosigkeit, vermehrte Angst- und Bedrohungsgefühle, eine erhöhte Reizbarkeit, gefühlsmäßige Erstarrung oder eine zunehmend zynischere Weltsicht, das Gefühl der Entfremdung von anderen oder auch ein vermehrter Alkohol- oder Medikamentenkonsum.

Jedem leuchtet ein, dass z. B. ein Rettungsfahrzeug nach einem größeren Einsatz wieder soweit in Ordnung gebracht werden muss, dass es erneut eingesetzt werden und weiteren Belastungen standhalten kann. Was die menschlichen Ressourcen anbelangt, ist das leider vielerorts in den Institutionen noch nicht gleichermaßen klar und häufig noch nicht einmal den betroffenen Helfern selbst. Zumindest wird diesem Aspekt (noch) nicht überall viel Beachtung geschenkt.

6.1 Gründe

- andauernd extremen körperlichen und seelischen Belastungssituationen ausgesetzt; konstant hoher körperlicher und seelischer Energieverbrauch, der oft auch zu Erschöpfungs- und Burn-out-Symptomen führt
- allein mit der Verarbeitung belastender Erfahrungen
- höchste Anforderungen an präzises, schnelles, professionelles, «kühles» Agieren und Reagieren
- bei gleichzeitig intensiven emotionalen Reaktionen (Angst, Ohnmacht, Schuld, Ekel, Wut)
- Chaos, Unüberschaubarkeit, Intensität, Intimität der Situation bzw. unüberschaubarer, unstrukturierter Betreuungsrahmen; unerwartete Situationen
- Biografie des Helfers (eigene seelische Probleme, individuelle Verletzlichkeiten)
- unbewusste Bedürfnisse oder innere Ansprüche des Helfers

Viele der genannten Gründe lassen sich unter dem Begriff «Grenzprobleme» zusammenfassen. Traumatische Erfahrungen konfrontieren alle direkt und indirekt Betroffenen mit einer Grenzsituation, mit Grenzerfahrungen und auch der Möglichkeit eines (partiellen) Grenzverlustes, so wie die extreme Traumatisierung für die direkt Betroffenen eine gewaltsame Verletzung/Zerstörung ihrer psychischen und physischen Grenzen bedeutet.

Wie schon beschrieben, ist es im Notfalleinsatz und auch in der Akuttherapie schon von den äußeren Bedingungen her schwierig, Grenzen bewusst zu wahren. Dazu kommen die persönlichen Grenzen, die erkannt und berücksichtigt werden müssen, wenn es nicht zu größeren Folgeproblemen kommen soll. In diesen Zusammenhang gehören z. B. Fragen wie: «Kann ich mich gut abgrenzen oder habe ich Mühe, Hilflosigkeit auszuhalten?», «Gibt es für mich themenspezifische Grenzen, etwa durch eigene Betroffenheit?», «Wie ist meine momentane psychische und körperliche Verfassung?».

6.2 Einige Anzeichen für Grenzprobleme oder Sekundärtraumatisierung

6.2.1 Körperliche Reaktionen und Symptome

- Kopfschmerzen/Migräne
- Magen-Darmprobleme
- Schlafstörungen
- Rückenschmerzen
- Erschöpfungszustände

6.2.2 Psychische Reaktionen und Symptome

- Zweifeln an Sinn und Erfolg des eigenen Tuns, das Gefühl von Ohnmacht und Hilflosigkeit
- starke Unlustgefühle oder Abfall von Energie vor dem Einsatz oder vor den therapeutischen Sitzungen
- vermehrte Angst- oder Bedrohungsgefühle vor dem Einsatz oder vor den Sitzungen
- gefühlsmäßige Erstarrung oder «Abstumpfung», Zynismus, Mangel an «Empathiefähigkeit»
- Vermeidungsreaktionen auf bestimmte Gedanken, Gefühle, Themen
- unkontrolliertes inneres Überwältigtwerden durch bestimmte Gedanken, Gefühle, Themen
- wiederholte Überschreitung der (gemeinsam) festgelegten Arbeitszeit
- versucht sein, Versprechungen zu machen, die vielleicht nicht einzuhalten sind (Betreuung, Finanzierung)
- wiederholt Tätigkeiten für Betroffene ausführen, die eigentlich «aufgabenfremd» sind
- nicht «abschalten» können in Freizeit und Privatleben
- vermehrter Alkohol-, Drogen- oder Medikamentenkonsum

6.3 Vorbereitung auf belastende Situationen

Der erste Schritt zu einer gelingenden Bewältigung von Belastungssituationen ist eine gute innere und äußere Vorbereitung auf die kommende Erfahrung.

Allgemein:

1. *Psychotraumatologische Kenntnisse,* eine theoretische und praktische Ausbildung, sind wichtig, um auf posttraumatische Szenarien, Reaktionen und Prozesse bei direkten und indirekten Opfern von Traumatisierung und auch bei sich selbst vorbereitet zu sein und damit umgehen zu können.
2. Es hilft zu wissen, dass auch und insbesondere bei Helfern gewisse physische und psychische Folgereaktionen auftreten, und dass es sich auch hier um *normale Reaktionen* auf außergewöhnliche Belastungserfahrungen handelt.
3. Viele Helfer stellen den Anspruch an sich, jede Situation stets sachlich und «kaltblütig» angehen zu müssen. Das ist weder sehr natürlich noch sinnvoll. Ein gewisser Grad an Anspannung vor dem Einsatz ist normal, *optimal ist ein mittlerer Grad an Anspannung.*
4. Fördernd ist auch eine grundsätzlich *positive Einstellung bzw. Selbstinstruktion,* z. B. die Hoffnung auf Erfolg («ich werde irgendwie helfen können») oder die Erinnerung an erfolgreich bewältigte Stress- und Belastungssituationen.

Im konkreten Fall:
1. Eine genaue innere und äußere *Auftragsklärung und -begrenzung* vor dem Einsatz ist zentral wichtig:
   - Situationsklärung: Wie ist die derzeitige Situation genau?
   - Wie ist der genaue Auftrag an mich/an uns?
   - Was kann/soll/muss eventuell durch andere Institutionen oder Personen an Beratung, Begleitung, Unterstützung abgedeckt werden?
   - für Begrenzung der Arbeitszeit sorgen (evtl. Ablösung organisieren)
   - Was sind Absichten und Aufgaben meines Auftrags?
   - Wo liegen die Grenzen in zeitlicher, persönlicher, inhaltlicher Sicht?
2. Jeder sollte sich den bevorstehenden *Einsatz genau vorstellen* können:
   - Was erwartet mich/uns dort?

- Was ist das Schlimmste, Beste, Wahrscheinlichste, das passieren kann?
- Was werden wir tun, wenn…

3. Struktur und Sicherheit gibt auch:
   - vorgängig den *Ablauf des Einsatzes* noch einmal genau, z. B. anhand der Checkliste, durchzugehen und sich wenige zentrale Punkte zu vergegenwärtigen
   - wichtige Punkte/evtl. auftretende Probleme dieses speziellen Einsatzes, die zu berücksichtigen sind, notieren

   Akuttherapie: Was ist jetzt/derzeit, prioritär wichtig?

4. Den Einsatz *vorher mit Kollegen besprechen* zu können, evtl. auch zu zweit an Ort zu gehen, ist der inneren Vorbereitung enorm nützlich. Befürchtungen und Ängste können formuliert und (Horror-) Szenarien ausgemalt werden. Auch das Teilen von Verantwortung und der Erfahrung überhaupt ist entlastend.
   Akuttherapie: Super- und Intervision (Fallbesprechung unter Kollegen, ohne externe Leitung)

Ein Beispiel: Der psychologische Notfalldienst wird durch die Polizei angerufen:

1. Auftragsklärung und -begrenzung:

- *Situationsklärung:* Herr A., ein türkischer Familienvater, sei vor drei Stunden auf dem Parkplatz vor seinem Haus erschossen worden, die Täterschaft sei unbekannt. Die Ehefrau und die drei Kinder des Ermordeten im Alter von 18, 12 und 8 Jahren seien Zeugen gewesen. Nun sei die ganze Wohnung voll von türkischen Angehörigen und Freunden, derzeit seien ca. 20 Personen anwesend, aber Frau und Kindern gehe es nicht gut, v. a. der Jüngste sei sehr apathisch. Einen Arzt wolle die Familie auf keinen Fall, aber psychologische Unterstützung sei in Ordnung. Die Polizei wolle jetzt gehen, wann könne jemand von uns kommen?

- *Auftragsklärung:* Auftraggeber ist die Polizei, im Einverständnis mit den Betroffenen.
  Auftrag an uns ist psychologische Notfallhilfe für die vier direkt betroffenen Personen. Für uns bedeutet das: Zwei Kolleginnen gehen an Ort, darunter eine Kinderpsychologin.

- *Einbezug anderer Personen/Institutionen* abklären: Bestattungsangelegenheiten, finanzielle Angelegenheiten u. ä. m. müssen durch eine Opferhilfestelle abgeklärt und betreut werden.
  Auch eventuell nötige medizinische Maßnahmen können nicht von uns übernommen werden.
- *Einsatzzeit:* beschränkt sich auf eineinhalb bis max. zwei Stunden, evtl. Folgetermin abmachen.
- *Grenzen:* Kollegin R. als Kinderpsychologin kümmert sich primär um die beiden Kinder, Kollegin G. um die beiden Frauen. Um einen patriarchal auftretenden Cousin, der, wie die Polizei schilderte, offenbar die Rolle des Familienoberhaupts übernommen hatte und recht despotisch auftrat, wollte sich im Zweifelsfalle R. kümmern, da G. weniger Geduld und eine subjektiv erhöhte Belastung im Fall «machomäßiger Einmischungen» als R. empfand.

2. Einsatz vorstellen:

Es ist ein Unterschied, ob man es mit vier oder 20 Personen zu tun haben wird, die in einer Privatwohnung versammelt sind, auch wenn die meisten dieser Personen nicht unmittelbar betroffen sind. Es stellt sich dann z. B. die Frage, ob und wo noch Rückzugsmöglichkeiten vorhanden sind, um einzelne Personen auch individuell und ungestört betreuen zu können. Die Frage nach allen möglichen situativen Varianten dient dazu, möglichst keine, zusätzlichen Stress erzeugenden, Überraschungen zu erleben. Es gibt den Helfern ein besseres und stabileres Grundgefühl, für (fast) alle nur möglichen Situationen «gerüstet» und vorbereitet zu sein.

3. Ablauf durchgehen:

- *zentrale Punkte und Aufgaben gemeinsam durchgehen und vergegenwärtigen*
- *erste Übersicht über die körperliche und psychologische Situation und die seelische Verfassung primär der direkt Betroffenen in der besprochenen Aufgabenteilung. Abklären, ob evtl. medizinische Versorgung resp. Spitaleinlieferung notwendig*
- *erste Maßnahmen zu Beruhigung und Stabilisierung*
- *Identifikation von Risikopersonen, evtl. auch unter anderen Verwandten, falls auffällig*

- *je individuell und für die Familie als Ganzes für eine angemessene psychologische Weiterbetreuung sorgen.*

Dazu kam im speziellen Fall:
- *Wie gehen wir mit all diesen Verwandten um?*
- *Welche kulturspezifischen Fragen und Sensibilitäten gilt es allenfalls zu beachten?*
- *Wie gehen wir mit Sprachproblemen um?*

4. Szenarien und Ängste besprechen:

Dazu gaben uns die längere Autofahrt und die Ungewissheit der Situation reichlich Gelegenheit, und dies war ein ganz wichtiger Teil der inneren Vorbereitung. Unser schlimmstes Szenario war dabei eigentlich das, dass wir gar nicht in die Wohnung gelangen würden, weil auch wir schon auf dem Parkplatz erschossen würden. Andere Szenarien waren weniger radikal, aber ebenfalls belastend. Allein schon das Mitteilen von Befürchtungen, aber zwischendurch auch geteiltes (manchmal etwas nervöses) Lachen, wie auch die gegenseitigen Ermunterungen, dass wir willkommen und kompetent sind und sicher irgendwem helfen können, trugen enorm zur inneren Sicherheit und zum Vertrauen bei: Irgendwie würden wir die Situation schon bewältigen.

6.4 Bewältigung und Verarbeitung

Zunächst ist wichtig sich einzugestehen, dass die Arbeit mit traumatisierten Menschen emotional in hohem Maße belastend ist und dass es, auch und gerade für Helfer, Möglichkeiten geben muss, belastende Erfahrungen zu bewältigen und zu verarbeiten. Wenn Helfer mit ihren gefühlsmäßigen Belastungen nicht allein gelassen werden bzw. nicht meinen, solche Erfahrungen allein oder gar überhaupt nicht innerlich bewältigen zu müssen, werden sie weniger krank.

1. Grundbedingung dafür ist, sich *bewusst Zeit und Raum für den Abbau von Stress* zu nehmen. Das bedeutet für Institutionen, den Mitarbeitern Zeit und auch den Raum, buchstäblich und symbolisch, für die Verarbeitung belastender Einsätze zur Verfügung zu stellen; für die Helfer selbst bedeutet es u.a., für regelmäßige Entspannung zu sorgen und einen entsprechenden Ausgleich zum Beruf im Privatleben zu suchen.

2. *Ressourcen aktivieren:* Was nach extrem belastenden Erfahrungen hilft, wieder zur Ruhe, zu neuer Kraft und in ein inneres Gleichgewicht zu kommen, ist individuell und je nach Situation sehr verschieden. Im Allgemeinen tun körperliche Bewegung und ein Ausagieren von Energie (Sport, Laufen, im Wald schreien) gut; manchmal ist eine ruhige, zurückgezogene Konzentration und Sammlung von Energie (Malen, Kochen, ein warmes Bad) im Moment hilfreicher. Es mag helfen, das Geschehene durch Schreiben innerlich zu ordnen und zu strukturieren. Entspannungsverfahren wie z.B. Autogenes Training oder beruhigende Imaginationen und Meditationstechniken sind besonders dann hilfreich, wenn sie vertraut sind und schon vorher praktiziert wurden. Das Erleben von Natur wirkt häufig stärkend und beruhigend. Manchmal tut es gut, sich zurückzuziehen und allein zu sein, manchmal, im Kreise anderer Menschen Rückhalt zu suchen. Es gibt keine allgemeinen Regeln oder Rezepte. Am besten ist es, jeweils in sich hineinzuhören, was momentan «stimmt» und hilft.

3. *Debriefing:* Debriefing ist abgeleitet von «Briefing», welches Einsatzvorbesprechung oder Befehlsausgabe bedeutet. Wenn der Einsatz erledigt ist, folgt die Nachbesprechung. Im Debriefing geht es um eine Nachbesprechung der Ereignisse im emotionalen Bereich, die helfen soll, den Stress abzubauen und belastende Erfahrungen zu verarbeiten. Es sollte von einer geschulten und kompetenten Person durchgeführt werden, die aber selber nicht am Einsatz beteiligt war.

Debriefing findet in drei Stufen statt:

a) Kurz nach dem Einsatz: Möglichkeit, auszuruhen, sich zu verpflegen, zu waschen, auszusprechen, wieder «Boden unter die Füße» zu bekommen.

b) Frühestens 24 bis spätestens 72 Stunden nach dem Ereignis folgt das eigentliche Debriefing von ca. 90 Minuten.
Rahmenbedingungen:
- Geheimhaltung nach außen, auch der Institution gegenüber
- Alle sind dazu eingeladen, auf die das Ereignis einwirken konnte, egal, ob sie eine Reaktion zeigten oder verspürten, oder nicht. Niemand wird gezwungen, aber wer mitmacht, sollte bis zum Ende des Debriefing dabeibleiben.
- Das Debriefing ist keine Psychotherapie; es befasst sich nur mit diesem Ereignis: damit, wie es erlebt wurde und wie es sich auswirkte. Es ist ein kontrolliertes und hochstrukturiertes Noch-einmal-Durchgehen der traumatischen Ereignisse.

c) Die Nachsorge: Die Helfer werden zu einem abschließenden Gespräch eingeladen, bei dem besprochen wird, wie es weitergehen soll.

4. *Kommunikation und Austausch* ist, auch bei Helfern, zentral für die Verarbeitung. Sei es im Familien- oder Kollegenkreis, in Form von Gesprächsgruppen der am Ereignis Beteiligten oder auch als begleitende und unterstützende Inter- oder Supervision, die mit traumatisierten Menschen arbeitende Therapeuten in besonderem Maß in Anspruch nehmen sollten.

5. Und nicht zuletzt: sich *Sinn, Bedeutung und Erfolg der Trauma-Arbeit* bewusst machen. Angesichts der kontinuierlichen Zeugenschaft von Leid, Grausamkeit, Zerstörung und unbegreiflicher Gewalt mag man sich seiner bzw. allgemein menschlicher Ohnmacht und Grenzen schnell schmerzlich bewusst sein. Umso befriedigender aber ist es, immer wieder erleben zu können, wie die psychologische und psychotherapeutische Akutintervention nach Traumatisierungen einen wichtigen Beitrag dazu leisten kann, dass sich psychische Belastungs- und Überforderungsreaktionen, wie sie nach einer zutiefst zerstörerischen Erfahrung auftreten, für die Betroffenen nicht chronisch lebensbegleitend und lebensbehindernd auswirken.

Literatur zum Thema

American Psychiatric Association (1996): Diagnostisches und statistisches Manual psychischer Störungen (DSM IV). Dt. Bearbeitung Sass, H. et al. (1998). Göttingen: Hogrefe.
Butollo, W.; Krüsmann, M.; Hagl, M. (1998): Leben nach dem Trauma. München: Pfeiffer.
Fischer, G.; Riedesser, P. (1998): Lehrbuch der Psychotraumatologie. München: Reinhardt.
Gschwend, G. (1999): Diagnostische Kriterien der Posttraumatischen Belastungsstörung (PTBS) und Konsequenzen für die therapeutische Praxis. *Psychotherapie Forum* (7), 53–59. Wien: Springer.
Herman, J. L. (1993): Die Narben der Gewalt. München: Kindler.
Koordinierter Sanitätsdienst (1997): Debriefing. Informationsschrift über den KSD in der Schweiz, 4/97, Bern.
Lamprecht, F. (2000): Praxis der Traumatherapie. München: Pfeiffer.
Lasogga, F.; Gasch, B. (1997): Psychische Erste Hilfe bei Unfällen. Edewecht: Stumpf & Kossendey.
Shapiro, F. (1998): EMDR. Grundlagen und Praxis. Paderborn: Junfermann.
WHO (1993): Internationale Klassifikation Psychischer Störungen ICD-10. Kapitel V (F). Klinisch-diagnostische Leitlinien. 4. durchges. u. erg. Auflage 2000. Hrsg. v. Dilling, M., Mombour, W., Schmidt, M. H. Bern: Hans Huber.

Zur Autorin

Gaby Gschwend, lic. phil., Psychologin und Psychotherapeutin SPV mit Praxis in Zürich. Vorträge, Seminare und Veröffentlichungen zum Thema der psychischen Traumatisierung.

Anhang

1. Checkliste zum Notfalleinsatz

2. Checkliste für den Einsatz bei Massennotfällen

3. Checkliste für das Erstgespräch

1. Checkliste zum Notfalleinsatz

A: Vor dem Einsatz

1. **Auftragsklärung**

   Wer ruft in wessen Auftrag an?

   Namen/Personalien:
   – des Anrufenden   – des/der direkt Betroffenen

   Vorfall/Traumatische Situation?
   – Was ist passiert?   – wann?

                                                 – wo?

   Sicherheit des/der Betroffenen und Zustand?
   – Ist die Person in Sicherheit   – Mit wem ist sie jetzt zusammen?
     (d. h. beispielsweise getrennt vom Täter)?

   – Wie ist der körperliche Zustand?   – Ist die medizinische Versorgung
                                                   abgedeckt?

   – Wie ist der psychische Zustand   – Einschätzung der aktuellen
     (erregt/apathisch?)   Gefährdung (Suizidgefahr?)

   Andere Betroffene?
   – unmittelbar   – mittelbar?
   – wer?   – wie?

   – Reaktionen?

   Zeitpunkt und Ort des Einsatzes abmachen
   – genaue und realistische Abmachung: eine halbe bis nächste zwei Stunden, nächste zwei bis vier Stunden

   – wo? (an Ort? im Krankenhaus? Hausbesuch?)

2. **Einsatzplanung und Organisation**
   – Wer rückt aus?

   – Wie viele Personen sind erforderlich? (z. B. jemand für Frau, jemand für Kinder)

   – Wer löst ggf. wen wann ab? (Die Einsatzzeit sollte nicht mehr als eineinhalb bis zwei Stunden betragen.)

© 2002 by Verlag Hans Huber

B: An Ort

1. Äußere Sicherheit
 – gewährleistet? _____

2. Innere Sicherheit/Stabilisierung/Wiederermächtigung

 – Beruhigung _____
 _____

 – Information _____
 _____

 – Intervention _____
 _____

3. Traumatisches Erlebnis
 – «Was ist geschehen?» _____
 _____

4. Ressourcen
 – äußere _____

 – innere _____

5. Identifikation von Risikopersonen
 _____
 _____
 _____

6. Nachbetreuung
 _____
 _____
 _____

© 2002 by Verlag Hans Huber

2. Checkliste für den Einsatz bei Massennotfällen

A: Vor dem Einsatz

1. Auftragsklärung

– Wer ruft in wessen Auftrag an (Namen aufnehmen)?

– mit welchem Auftrag genau an die psychologische Notfallversorgung?

2. Vorfall/Traumatische Situation

– Was ist passiert?

– wann?

– wo?

– Wie viele Personen waren/sind ungefähr involviert?

– wie viele unmittelbar Betroffene?

– wie viele mittelbar Betroffene?

3. Sicherheit der Betroffenen

– Sind die Betroffenen jetzt in Sicherheit?

– Wo sind sie und wer ist bei ihnen?

4. Zustand der Betroffenen

c) Körperlich:
– Wie viele Verletzte? Tote?

– welche Verletzungen?

– Ist die medizinische Versorgung abgedeckt?

– Wohin wurden/werden Verletzte gebracht?

© 2002 by Verlag Hans Huber

d) **Psychischer Zustand:**
– Wie ist allgemein der Zustand der Betroffenen?

_____
_____
_____

– Welche Reaktionen sind aufgetaucht?

_____
_____
_____

– Sind einzelne in ihrer Reaktion speziell aufgefallen? (diese nicht alleine lassen)

_____
_____
_____

5. **Organisation**
– Hilfspersonen: Wie viele Helfer und welche sind noch beteiligt? (Polizei, Sanität, Pfarrer usw.)

_____

– Einsatzleitung: Wer hat vor Ort logistische Oberleitung (Name und Funktion

_____

– Mitteilung an den Auftraggeber, wer im psychologischen Notfall-Team Ansprechpartner/Einsatzleiter ist

_____

– Infrastruktur: Stehen Räume/Rückzugsmöglichkeiten zur Verfügung (für Zusammenführungen, Gruppen)?

_____

6. **Zeit und Ort des Einsatzes vereinbaren**
– Zeit: realistische Abmachungen. Das psychologische Notfallteam muss zuerst zusammengestellt werden; erst dann kann die gemeinsame Einsatzplanung und -besprechung erfolgen.

– Ort: Bei Massennotfällen können das auch mehrere sein (z. B. Unglücksort und Spital). Das muss bei der Einsatzplanung berücksichtigt werden.

© 2002 by Verlag Hans Huber

B: Einsatzplanung und -besprechung

1. Wie viele Personen rücken aus? Wer?
  – Zusammenstellung des Teams

  – Ablösungen organisieren

2. Aufteilung der Aufgaben im psychologischen Team
  – Einsatzleitung an Ort (Organisation und Koordination)

  – Telefondienst/Nottelefon/Auskunft/Betreuung der Angehörigen

  – Betreuung verletzter Personen im Spital: Einzelbetreuung (für Leichtverletzte: evtl. Gruppe)

  – Betreuung unverletzter Personen:
  für unmittelbar Betroffene

  für mittelbar Betroffene (Angehörige, sekundär Traumatisierte)

  für Einsatzkräfte

  für Risikopersonen (Einzelbetreuung)

  für Gruppenzusammenstellung und -leitung

  für Umgang mit Medien, Zuschauern usw.

C: Notfalleinsatz an Ort

1. Ankunft
  – Überblick verschaffen (Zeit nehmen! Ist die eigene Sicherheit gewährleistet?)

  – Wo befinden sich die Räume für Zusammenführungen und Gruppen?

  – Ist ein Nottelefon eingerichtet? Werden Angehörige benachrichtigt? Von wem?

  – Koordination und Einsatzbesprechung mit logistischer Leitung: Zuständigkeiten und gegenseitigen Informationsaustausch regeln

© 2002 by Verlag Hans Huber

2. Einsatz

- Zusammenführung betroffener Angehöriger/Freunde/Nachbarn

- Einzelbetreuungen

- Gruppenbetreuung

- Information und Betreuung hinzukommender Angehöriger/Abholer

- Risikopersonen identifizieren

- Nachbetreuung individuell und kollektiv sichern

© 2002 by Verlag Hans Huber

3. Checkliste für das Erstgespräch

(ca. 90 Minuten Zeit nehmen)
Vorher: Genaue Auftragsdefinition und schon möglichst viele anamnestische Daten einholen

Äußere Sicherheit?

Körperlicher Zustand?

Aktuelle psychische Symptomatik
Wiedererleben?

Vermeidung?

Übererregung?

Dissoziative Phänomene?

Häufigkeit und Normalität der Symptome betonen

Was ist (sonst) anders als vor dem Vorfall?

Selbstkonzepte/Einstellungen zu sich selber?

Beziehungen?

Begleitende (prä-traumatische) Probleme?

Medikamente, Alkohol o. a. als Bewältigungsstrategie? Selbstgefährdung?

Traumatisierendes Erlebnis (wenn angebracht)
   Was ist geschehen?

   Wie ist es weitergegangen?

© 2002 by Verlag Hans Huber

Verbindungen zu wichtigen Geschehnissen in der Vergangenheit?

Ressourcen aktivieren/verstärken
Psychosoziale

Intrapsychische

Umgang mit Symptomen/Methoden

Zeit bis zur nächsten Sitzung gemeinsam anschauen/strukturieren

Evtl. Frage einer (vorübergehenden) Medikation

Beurteilung (für Indikationsstellung)
Akute Belastungsreaktionen?

PTBS?

Komorbide Phänomene (z. B. Substanzmissbrauch, Depression, somatoforme Störungen)?

Risikoperson?

© 2002 by Verlag Hans Huber

Lee Baer

Alles unter Kontrolle

Zwangsgedanken und Zwangshandlungen

Aus dem Englischen von Matthias Wengenroth.
2., überarb. u. erg. Aufl. 2001. 312 S., Kt
€ 22.95 / CHF 40.30 (ISBN 3-456-83627-9)

Was ist eine Zwangsstörung? Wie erkennt man sie an sich selbst? Wie behandelt man sie? Wie kann man seine Symptome in den Griff bekommen? Wie setzt man sich Ziele? Wie kann man Rückfälle vermeiden? Endlich ein Buch über Zwänge, das den Betroffenen direkt helfen kann.

Willi Butollo / Rita Rosner / Achim Wentzel

Integrative Psychotherapie bei Angststörungen

1999. 251 S., 3 Abb., 8 Tab., Kt € 26.95 / CHF 44.80
(ISBN 3-456-83089-0)

Auf welchen Grundlagen beruht integrative Psychotherapie bei Angststörungen? Mit welchen Methoden wird gearbeitet? Wie wirksam sind diese? Aufbauend auf einem bio-psycho-sozialen Störungsmodell wird ein mehrphasiges Therapiekonzept der Angststörungen vorgestellt. Fallbeispiele illustrieren die verschiedenen Vorgehensweisen.

Verlag Hans Huber
Bern Göttingen Toronto Seattle

http://Verlag.HansHuber.com

Marcus F. Kuntze / Alex H. Bullinger

Höhenangst und andere spezifische Phobien

Eine Anleitung zur Kurztherapie in der medizinischen und psychologischen Praxis

2001. 61 Seiten, 3 Tab., Kt € 16.95 / CHF 29.80
(ISBN 3-456-83539-6)

Höhenängste und ähnliche Formen spezifischer Phobien sind häufige psychische Störungen – leider gehören sie auch zu denen, die am seltensten behandelt werden. Dies liegt nicht zuletzt daran, dass kurze und praktikable Therapiemanuale für medizinische und psychologische Fachpersonen fehlen. Das vorliegende Buch schließt diese Lücke.

Stanley Rachman

Angst

Diagnose, Klassifikation und Therapie

Aus dem Englischen übersetzt von Matthias Wengenroth.
2000. 206 S., 3 Abb., 3 Tab., Kt € 26.95 / CHF 44.80
(ISBN 3-456-83415-2)

Den Hauptteil des Buches bildet die Darstellung der Störungen und ihrer Therapie (Angst und Furcht, Phobien und Panik, Agoraphobie und Zwang, soziale Angst und generalisierte Angststörung). Für diese Störungsbilder werden Beispiele gegeben, und die therapeutischen Möglichkeiten werden aufgezeigt.

Verlag Hans Huber
Bern Göttingen Toronto Seattle

http://Verlag.HansHuber.com

Reneau Z. Peurifoy

Angst, Panik und Phobien

Ein Selbsthilfe-Programm

Aus dem Engl. übersetzt von I. Erckenbrecht.
2. Aufl. 2002. 315 S., Kt € 19.95 / CHF 34.80
(ISBN 3-456-83827-1)

In 15 Lektionen erwirbt der Leser die Fähigkeit, seine Ängste, Phobien und Panikattacken zu bekämpfen und neues Selbstvertrauen zu gewinnen.
«Ich meine, dass dies ein ungewöhnlich reichhaltiges Buch ist und dass es vielen Leuten helfen wird.»
(Albert Ellis)

Philip A. Saigh (Hrsg.)

Posttraumatische Belastungsstörung

Diagnose und Behandlung psychischer Störungen bei Opfern von Gewalttaten und Katastrophen

Aus dem Englischen übers. v. M. Wengenroth.
1995. 218 S., Kt € 26.95 / CI IF 49.80 (ISBN 3-456-82593-5)

Wer das Opfer gewaltsamer Fremdeinwirkung geworden ist, braucht Hilfe nicht nur materieller Art: Der «posttraumatische Streß» nach einer Entführung oder Vergewaltigung, nach Missbrauchshandlungen, Naturkatastrophen, Kriegswirren und militärischen Einsätzen hat erhebliche Folgen auch auf die psychische Gesundheit der Betroffenen. Die Autoren geben wertvolle Hinweise auf Diagnose und psychotherapeutische Behandlung solcher Störungen.

Verlag Hans Huber
Bern Göttingen Toronto Seattle

http://Verlag.HansHuber.com